INES DE LA FRESSANGE
PARIS
CW00672491

Mon Paris

Direction éditoriale
Julie Rouart

Création graphique
Noémie Levain

Coordination éditoriale
Marion Doublet

Fabrication
Christelle Lemonnier

Photogravure
Bussière, Paris

Impression
TBB, Slovaquie

ISBN : 9782081370494
N° d'édition : L.01EBAN000434.N001
Dépôt légal : octobre 2015

Note de l'éditeur : les plans de Paris reproduits dans cet ouvrage proviennent du fonds Taride et datent de 1971. Nous remercions Géraldine Boulanger et son équipe pour leur contribution.

Mon Paris

Ines de la Fressange

avec Sophie Gachet

Flammarion

LEVALLOIS-PERRET
Porte de Clichy
S.N.C.F.
BERTHIER
RER
PEREIRE
BOULEVARD
Pte Champerret
CHAMPERRET
Brochant
CLICHY
LA FOURCHE
Guy Môquet
CIMETIÈRE MONTMARTRE
Lamarck-Caulaincourt
SACRÉ CŒUR
Abbesses
SQUARE ST-PIERRE
PIGALLE
Anvers
Blanche
PL. DE CLICHY
ÉGLISE DE LA TRINITÉ
Trinité
N.-D. DE LORETTE
St-Georges
N.D. de Lorette
MAIRIE DU XVIIe ARR.
STE-MARIE DES BATIGNOLLES
BATIGNOLLES
Rome
Liège
GARE ST-LAZARE
St-Lazare
Europe
ST-FRANÇOIS DE SALES
Wagram
ALEX. DUMAS
Villiers
Malesherbes
PÉREIRE
AV. DE WAGRAM
COURCELLES
Courcelles
Monceau
PARC MONCEAU
ÉGL. RUSSE
ÉGL. ST-FERDINAND
Ternes
TERNES
ÉGL. ST-AUGUSTIN
St-Augustin
HAUSSMANN
Havre-Caumartin
PRINTEMPS
GALERIES LAFAYETTE
Chaussée d'Antin
OPÉRA
Opéra
Richelieu-Drouot
OPÉRA COMIQUE
Quatre Septembre
BOURSE
Bourse
ÉGL. ST-PHILIPPE-DU-ROULE
St-Philippe du Roule
Miromesnil
Madeleine
ÉGL. DE LA MADELEINE
Auber
OLYMPIA
AV. FRIEDLAND
AV. DE LA GRANDE ARMÉE
ARC DE TRIOMPHE
Argentine
CH. DE GAULLE ÉTOILE
FOCH
KLÉBER
IÉNA
HUGO
PALAIS DE L'ÉLYSÉE
Franklin D. Roosevelt
CH. ÉLYSÉES CLEMENCEAU
Champs-Élysées
THÉÂTRE MARIGNY
GRAND-PALAIS
PETIT-PALAIS
CONCORDE
OBÉLISQUE
JEU DE PAUME
ORANGERIE
JARDIN DES TUILERIES
Tuileries
COLONNE VENDÔME
Pyramides
ÉGL. DE L'ASSOMPTION
ÉGL. ST-ROCH
THÉÂTRE FRANÇAIS
PALAIS ROYAL
BIBLIOTHÈQUE NATIONALE
BANQUE DE FRANCE
LES HALLES
FORUM DES HALLES
Louvre
PALAIS DU LOUVRE
Place du Carrousel
PYRAMIDE
TEMPLE DE L'ORATOIRE
MUSÉE DU LOUVRE
ST-GERMAIN-L'AUXERROIS
Pont-Neuf
ALMA MARCEAU
COURS ALBERT 1er
COURS LA REINE
NEW-YORK
TROCADÉRO
MUSÉE D'ART MODERNE
MUSÉE GALLIERA
RER
Quai d'Orsay
Invalides
AÉROGARE DES INVALIDES
MUSÉE D'ORSAY
Assemblée Nationale
Ch. des Députés
PALAIS BOURBON
Solférino
MINISTÈRE DE LA DÉFENSE
ÉCOLE DES BEAUX-ARTS
INSTITUT DE FRANCE
HÔTEL DES MONNAIES
HENRI IV
STE-CHAPELLE
PALAIS DE JUSTICE
TOUR EIFFEL
ESPLANADE DES INVALIDES
LA TOUR MAUBOURG
STE-CLOTILDE
MAIRIE DU VIIe ARR
Rue de Bac
ST-THOMAS D'AQUIN
St-Germain-des-Prés
ÉGLISE ST GERMAIN-DES-PRÉS
FONTAINE ST-MICHEL
St Michel
Odéon
Varenne
HÔTEL MATIGNON
ST-FRANÇOIS XAVIER
Sèvres-Babylone
HÔP. LAENNEC
St-Sulpice
Mabillon
ÉCOLE MILITAIRE
AV. DE SUFFREN
CHAMP DE MARS
AV. DE LA BOURDONNAIS
STADE
BIR-HAKEIM GRENELLE
CASERNE DUPLEIX
Dupleix
LA MOTTE-PICQUET-GRENELLE
Ségur
UNESCO
Duroc
Vaneau
St-Placide
Rennes
ST-JOSEPH DES CARMES
PALAIS DU LUXEMBOURG
JARDIN DU LUXEMBOURG
Luxembourg
FONTAINE MÉDICIS
THÉÂTRE DE FRANCE
LA SORBONNE
MUSÉE DE CLUNY
COLLÈGE DE FRANCE
PANTHÉON
Cambronne
Émile Zola
Sèvres Lecourbe
Commerce
Falguière
Pasteur
Montparnasse-Bienvenüe
TOUR MAINE MONTPARNASSE
GARE MONTPARNASSE
ÉGL. N.D.-DES-CHAMPS
Vavin
Notre-Dame-des-Champs
Raspail
Edgar Quinet
CIM. DU MONTPARNASSE
Port-Royal
BOUL. DE PORT-ROYAL
ÉGLISE ST-JACQUES DU HAUT PAS
HÔPITAL DU VAL DE GRÂCE
OBSERVATOIRE
HÔPITAL COCHIN
Vaugirard
LYCÉE BUFFON
ÉGLISE ST-LAMBERT
INSTITUT PASTEUR
Volontaires
Convention
Gaîté
N.D. DU TRAVAIL
Pernety
Denfert-Rochereau
Plaisance
MAIRIE DU XIVe ARR
ENTRÉE DES CATACOMBES
PL. DE BELFORT
PRISON DE LA SANTÉ
St-Jacques
Mouton-Duvernet
CENTRE PSYCHIATRIQUE STE-ANNE
Alésia
ST-PIERRE DE MONTROUGE
HÔPITAL BROUSSAIS
Porte de Vanves
PARC GEORGES BRASSENS
Porte de Versailles
PARC DES EXPOSITIONS
PALAIS DES SPORTS
BOULEVARD LEFEBVRE
BRUNE
Malakoff-Plateau de Vanves
PORTE D'ORLÉANS
RÉSERVOIRS DE LA VANNE
PARC DE MONTSOURIS

Marx Dormoy
LA CHAPELLE
ATELIERS S.N.C.F.
STALINGRAD
ROTONDE DE LA VILLETTE
GARE DU NORD
LOUIS BLANC
GARE DE L'EST
Château Landon
GARE DE L'EST
MAGENTA
RER
Crimée
Riquet
GRANDE HALLE
ZENITH
Laumière
Ourcq
AVENUE JEAN JAURÈS
Porte de Pantin
Hoche
Égl. de Pantin
MAIRIE DU XIXe ARR
PARC DES BUTTES CHAUMONT
Danube
Botzaris
Buttes-Chaumont
ST JEAN BAPTISTE
PRÉ ST-GERVAIS
LE PRÉ St-GERVAIS
MAIRIE DES LILAS
PL. DES FÊTES
Télégraphe
PORTE DES LILAS
LES LILAS
HÔPITAL ST-LOUIS
Colonel Fabien
Jacques Bonsergent
BOURSE DU TRAVAIL
ÉGL. ST LAURENT
PORTE ST-DENIS
MAIRIE DU Xe ARR
PORTE ST-MARTIN
STRASBOURG-ST-DENIS
BELLEVILLE
Pyrénées
Jourdain
Goncourt
CASERNE
RÉPUBLIQUE
Temple
ARTS ET MÉTIERS
ÉGL. ST-ELISABETH
ÉGL. ST-NICOLAS DES CHAMPS
Etienne Marcel
CENTRE G. POMPIDOU-BEAUBOURG
Rambuteau
MAIRIE DU IIIe ARR
Filles-du-Calvaire
CIRQUE D'HIVER
OBERKAMPF
Parmentier
Couronnes
ÉGL. ST-JOSEPH
ÉGL. N.D. DE LA CROIX
Ménilmontant
St-Fargeau
Pelleport
Gambetta
MAIRIE DU XXe ARROND
HÔPITAL TENON
Porte de Bagnolet
ÉGL. ST-GERMAIN-DE-CHARONNE
St-Maur
ÉGLISE ST-AMBROISE
PÈRE LACHAISE
CIMETIÈRE DU PÈRE LACHAISE
COLUMBARIUM
Philippe Auguste
Richard Lenoir
St-Sébastien Froissart
St-Ambroise
ARCHIVES NATIONALES
CRÉDIT MUNICIPAL
MUSÉE CARNAVALET
Chemin-Vert
MAIRIE DU XIe ARR
Voltaire
ÉGL. ST-MERRI
HÔTEL DE VILLE
TEMPLE DES BILLETTES
PLACE DES VOSGES
Bréguet-Sabin
St-Paul
COLONNE DE JUILLET
BASTILLE
Charonne
Alexandre Dumas
ÉGL. ST-GERVAIS
ÉGL. ST-PAUL
TEMPLE SAINTE MARIE
HÔTEL DE SENS
ÉGLISE STE MARGUERITE
OPÉRA BASTILLE
Ledru-Rollin
Boulets Montreuil
Avron
Maraîchers
Porte de Montreuil
Buzenval
Faidherbe Chaligny
HÔPITAL ST-ANTOINE
NATION
CASERNE DES CÉLESTINS
Sully-Morland
Pont Marie
ÉGL. ST-LOUIS-EN-L'ÎLE
BOULEVARD DE LA BASTILLE
BOUL. HENRI IV
Reuilly-Diderot
ÉGLISE ST-ELOI
Picpus
IMMACULÉE CONCEPTION
Porte de Vincennes
St-Mandé-Tourelle
INSTITUT DU MONDE ARABE
GARDE RÉP.
GARE DE LYON
Quai de la Rapée
SEINE
JARDIN DES PLANTES
MUSEUM
GARE D'AUSTERLITZ
MINISTÈRE DES FINANCES
Montgallet
HÔPITAL DE ROTHSCHILD
Bel-Air
HÔPITAL TROUSSEAU
DAUMESNIL
MAIRIE DU XIIe ARR
Dugommier
Bercy
GARE DE PARIS-BERCY
Michel Bizot
Porte Dorée
MUSÉE DES ARTS AFRICAINS ET OCÉANIENS
P.O.P.B.
ENTREPOTS
ÉGLISE N.D. DE BERCY
FLEUVE
Quai de la Gare
Chevaleret
SALPÊTRIÈRE
Campo-Formio
St-Marcel
ÉGLISE ST-MARCEL
MOSQUÉE
Censier Daubenton
Nationale
ÉGL. N.DAME DE LA GARE
PLACE D'ITALIE
Porte de Charenton
BOIS DE VINCENNES
LAC DAUMESNIL
Liberté
Bd Masséna
MAGASINS GÉNÉRAUX
ÉGL. ST-HIPPOLYTE
Tolbiac

« Je suis à Saint-Germain-des-Prés
et je cherche un bon resto, tu as une idée ? »

« Je viens de déménager et je dois acheter
des meubles, tu me conseilles une adresse ? »

« Je recherche une robe et j'aimerais
aller dans une boutique où je suis sûre
de ne pas me tromper. Help ! »

Voilà le genre de SMS que je reçois depuis des années de la part de mes amis. Je leur ai expliqué qu'il existait Google, mais manifestement, ils ont besoin de moi. En 2010, j'ai sorti *La Parisienne*, où il y avait quelques adresses. Cela les a calmés pour un moment. Mais cela a recommencé très vite. C'est donc la raison qui m'a poussée à écrire ce guide. Avec toutes les nouvelles adresses que j'avais testées. S'il peut aussi vous être utile, j'en suis ravie. Viva Paris !

Ines

Ier ET IIe ARRONDISSEMENTS

Le cœur de Paris

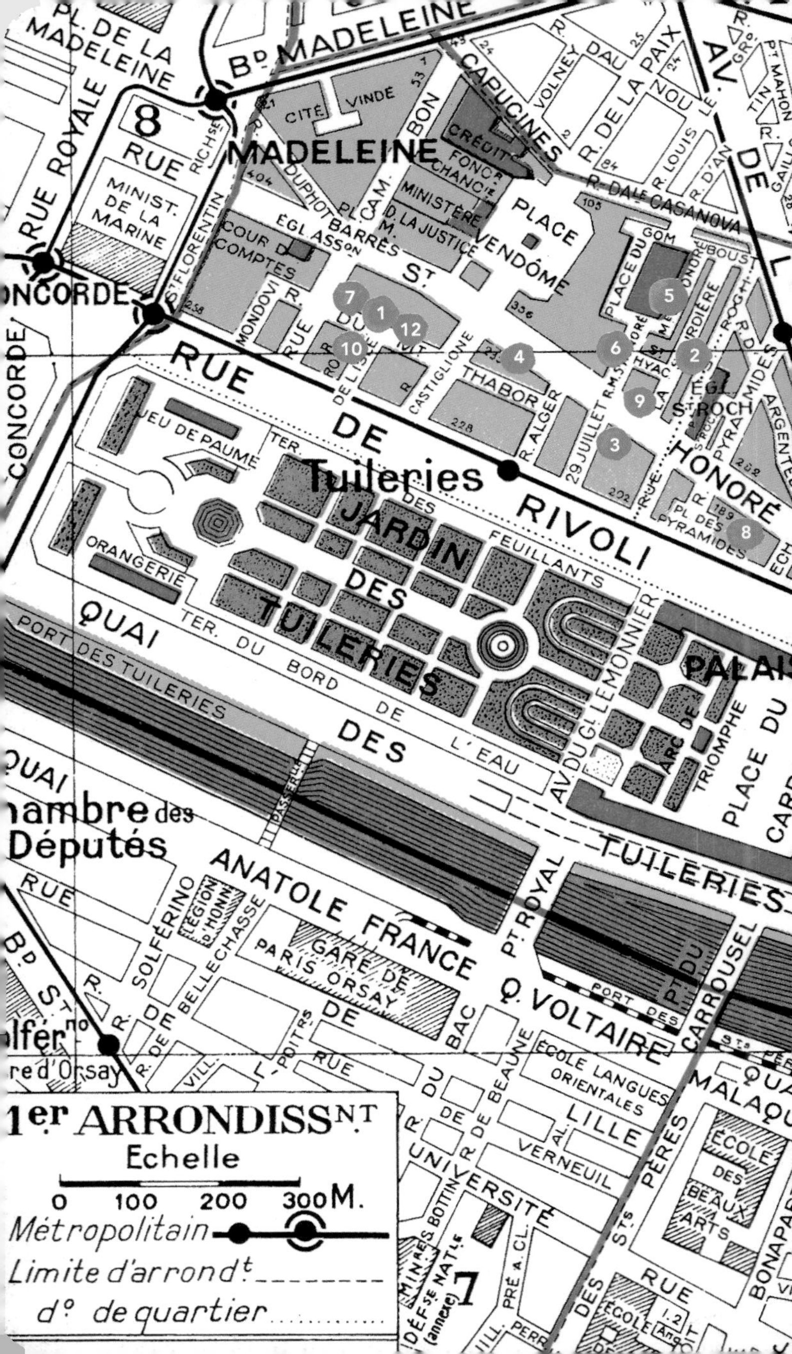

PL. DE LA MADELEINE
Bd MADELEINE
MADELEINE
RUE ROYALE
8
RUE RICHSE
MINIST. DE LA MARINE
CONCORDE
CITÉ VINDE
R. DUPHOT
CAPUCINES
CRÉDIT FONCR
CHANCie
MINISTÈRE D. LA JUSTICE
PLACE VENDÔME
R. VOLNEY
R. DAUNOU
R. DE LA PAIX
R. LOUIS LE GRAND
R. DALE CASANOVA
AV. DE L'OPÉRA
PL. CAM. BARRÈS
ÉGL. ASSon
COUR DES COMPTES
R. ST FLORENTIN
R. MONDOVI
RUE DU MT THABOR
R. ROYALE DE L'ISLE
R. CASTIGLIONE
R. ALGER
R. 29 JUILLET
PLACE DU MCHÉ ST HONORÉ
ÉGL. ST ROCH
PYRAMIDES
ARGENTEUIL
HONORÉ
PL. DES PYRAMIDES
RUE DE RIVOLI
Tuileries
JEU DE PAUME
TER. DES FEUILLANTS
JARDIN DES TUILERIES
ORANGERIE
TER. DU BORD DE L'EAU
AV. DU GL LEMONNIER
ARC DE TRIOMPHE
PLACE DU CARROUSEL
PALAIS
QUAI DES TUILERIES
PORT DES TUILERIES
QUAI
Chambre des Députés
PASSERELLE
QUAI ANATOLE FRANCE
LÉGION D'HONNR
RUE SOLFÉRINO
R. DE BELLECHASSE
GARE DE PARIS ORSAY
PT ROYAL
PT DU CARROUSEL
PORT DES
Q. VOLTAIRE
R. DE LILLE
R. DU BAC
R. DE BEAUNE
ÉCOLE LANGUES ORIENTALES
R. DE VERNEUIL
UNIVERSITÉ
R. DES STS PÈRES
QUAI MALAQUAIS
ÉCOLE DES BEAUX ARTS
BONAPARTE
Bd St Germain
Solférino
Gare d'Orsay
7
1er ARRONDISSNT
Echelle
0 100 200 300 M.
Métropolitain
Limite d'arrondt
do de quartier
1 2 3 4 5 6 7 8 9 10 12

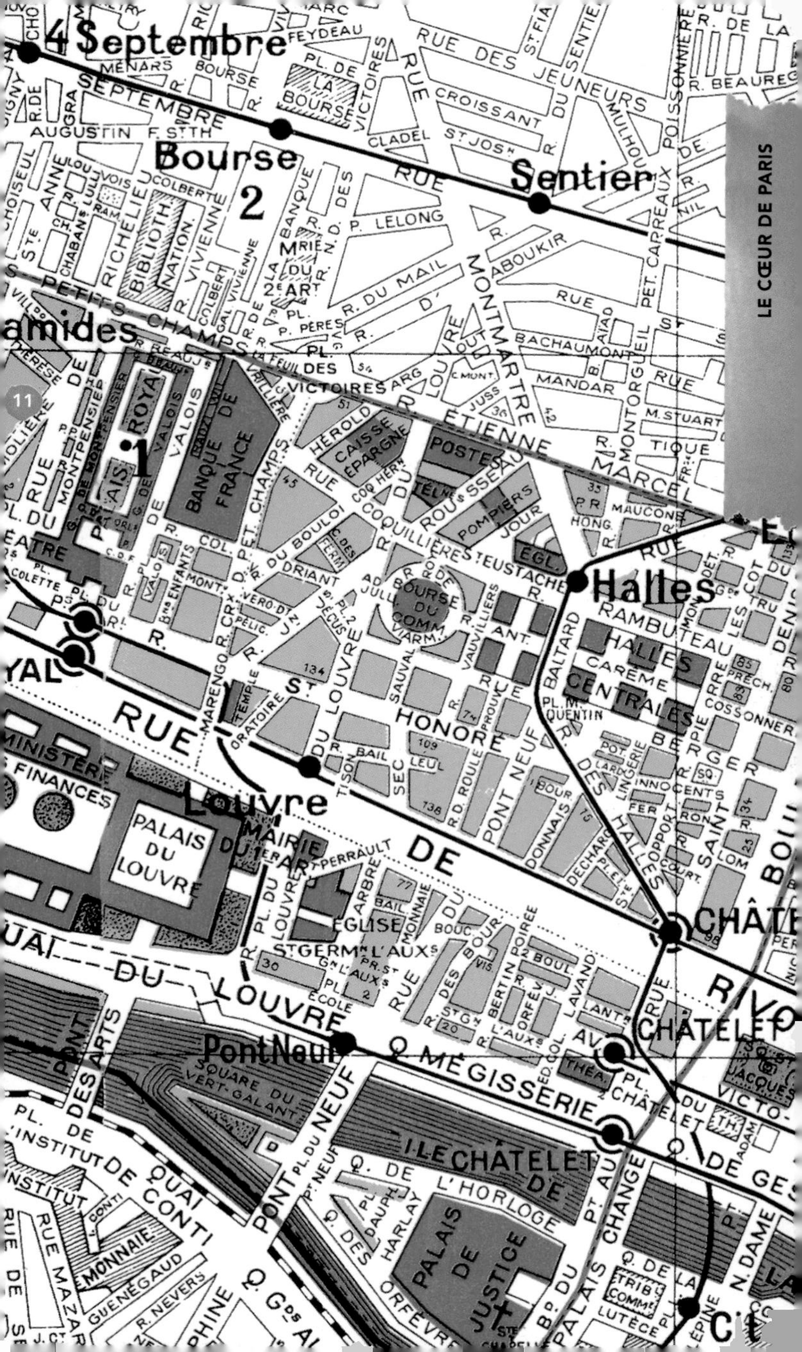
4 Septembre
Bourse
2
Sentier
amides
1
Halles
Louvre
Pont Neuf
RUE DU 4 SEPTEMBRE
RUE DES JEUNEURS
CROISSANT
LA BOURSE
PL. DE LA BOURSE
FEYDEAU
MÉNARS
AUGUSTIN
CLADEL
ST JOSH
R. DU MAIL
P. LELONG
ABOUKIR
MONTMARTRE
BACHAUMONT
MANDAR
M. STUART
TIQUE
MONTORGUEIL
ÉTIENNE MARCEL
PET. CARREAUX
POISSONNIÈRE
R. BEAUREG
COLBERT
BIBLIOTH. NATION.
R. VIVIENNE
RICHELIEU
CHABANAIS
STE ANNE
CHOISEUL
PETITS CHAMPS
PL. DES VICTOIRES
HÉROLD
CAISSE ÉPARGNE
POSTES
TÉLÉ
POMPIERS
EGL.
JOUR
MAUCONS
HONG.
MOLIÈRE
MONTPENSIER
PALAIS ROYAL
VALOIS
BANQUE DE FRANCE
CROIX DES PET. CHAMPS
COQ HÉRON
COQUILLIÈRE
R. DU BOULOI
DRIANT
J.J. ROUSSEAU
BOURSE DU COMM.
VIARM.
ST EUSTACHE
RAMBUTEAU
HALLES CENTRALES
CARÊME
BALTARD
PL. M. QUENTIN
R. DE VAUVILLIERS
COSSONNERIE
BERGER
INNOCENTS
FERRONNERIE
LINGERIE
SAINT DENIS
PL. DU THÉÂTRE
COLETTE
R. DES BONS ENFANTS
VALOIS
VÉRO-DT
PÉLIC.
MARENGO
TEMPLE
ORATOIRE
RUE ST HONORÉ
RUE DE RIVOLI
MINISTÈRE DES FINANCES
PALAIS DU LOUVRE
MAIRIE DU 1ER AR.
PERRAULT
PL. DU LOUVRE
ARBRE SEC
SAUVAL
DU LOUVRE
R. BAIL
TISON
LEUL
R. D. ROULE
PONT NEUF
BOURDONNAIS
DES HALLES
SOPPORT
DÉCHARG
ÉGLISE ST GERMN L'AUXS
MONNAIE
BAIL
BOUC.
PR. ST GN L'AUXS
ÉCOLE
DES BOUR
BERTIN POIRÉE
ST GN L'AUXS
LAVAND
THÉA.
CHÂTELET
RUE ST DENIS
QUAI DU LOUVRE
Q. MÉGISSERIE
PL. DU CHÂTELET
AV. VICTORIA
TOUR ST JACQUES
PONT DES ARTS
SQUARE DU VERT-GALANT
PL. DE L'INSTITUT
INSTITUT
QUAI DE CONTI
MONNAIE
GUÉNÉGAUD
R. NEVERS
RUE MAZARINE
DAUPHINE
PONT NEUF
PL. DU PT NEUF
Q. DE L'HORLOGE
PL. DAUPH.
HARLAY
ÎLE DE LA CITÉ
PALAIS DE JUSTICE
STE CHAPELLE
ORFÈVRES
BD. DU PALAIS
PT. AU CHANGE
Q. DE LA CORSE
TRIB. COMMCE
LUTÈCE
N. DAME
Q. DE GESVRES
PT. N. DAME
Cité

Stouls

36, rue du Mont-Thabor, Ier
Tél. 01 42 60 29 97 — www.stouls.paris

* **Pourquoi y aller ?** C'est ici qu'il faut aller si vous voulez vraiment un vêtement en daim ou en cuir qui fasse seconde peau et soit doux comme un cachemire. La créatrice Aurelia Stouls avait commencé avec des t-shirts en cuir, c'est dire si elle a cassé les codes de cette matière. C'est sexy, chic et surtout très pratique puisque les cuirs Stouls passent à la machine comme un denim.

→ **Le must-have** Difficile d'en choisir un seul tant toutes les pièces Stouls sont des créations qui flattent la silhouette. J'adore le pantalon patte d'éléphant en agneau plongé qui fait très année 1970. Elle en fait chaque saison, mais celui que j'ai acheté s'appelait le Starsky.

À dire pour jouer la Parisienne
« Même mes joggings viennent de chez Stouls ! »

laContrie

11, rue de la Sourdière, Ier
Tél. 01 49 27 06 44 — www.lacontrie.com

Pourquoi y aller ? Si on aime être unique, c'est là qu'il faut s'arrêter pour commander un sac à son style. On choisit son cuir, ses zips, tous les détails et on peut même faire les poignées sur mesure.

→ **Le must-have** Le sac Saint-Roch, un bijou d'intemporalité. Impossible de s'en lasser. Et qui devient de plus en plus beau lorsqu'il vieillit.

À dire pour jouer la Parisienne
« Mon chien a un collier laContrie ! »

Colette

213, rue Saint-Honoré, Ier
Tél. 01 55 35 33 90 — www.colette.fr

Pourquoi y aller ? Cette boutique est maintenant aussi culte que la tour Eiffel. Tout a été dit sur Colette. Ce qu'il faut retenir : impossible d'être hors mode avec un accessoire ou un vêtement de chez Colette. Car même si quelqu'un vous fait un mauvais commentaire sur votre acquisition, vous pouvez simplement répondre : « Ça vient de chez Colette. » De quoi démoder en une courte phrase la personne qui a émis la critique.

Le must-have Une coque d'iPhone, histoire de dire « ils n'ont pas que des choses chères chez Colette ». Mais on peut aussi acheter des bijoux très bien griffés et des vêtements forcément vus dans nos magazines préférés.

À dire pour jouer la Parisienne

« Je l'ai acheté chez Colette, mais je l'avais repéré à New York il y a longtemps. »

« BEAUCOUP L'ONT OUBLIÉ, MAIS FIFI A COMMENCÉ SA CARRIÈRE EN CHANTANT EN ÉGYPTIEN. »

Fifi Chachnil

231, rue Saint-Honoré, Ier
Tél. 01 42 61 21 83 — www.fifichachnil.com

Pourquoi y aller ? Fifi réussit le pari de créer de la lingerie sexy qui ne fasse pas vulgaire. Elle a un style bien à elle, qui a tout pour traverser les années. C'est l'adresse à confier à vos hommes en mal d'inspiration pour un cadeau. Ils adoreront y aller ! Et ils ne pourront pas se tromper.

Le must-have Euh, vais-je vraiment vous dire quels sont mes dessous ? Je ne dévoilerai rien en disant que la culotte idéale créée par Fifi s'appelle la Bel Ami (collection Les Grands Classiques). Elle est super confortable et peut même s'acheter sur l'e-boutique de la marque (www.fifichachnil.com).

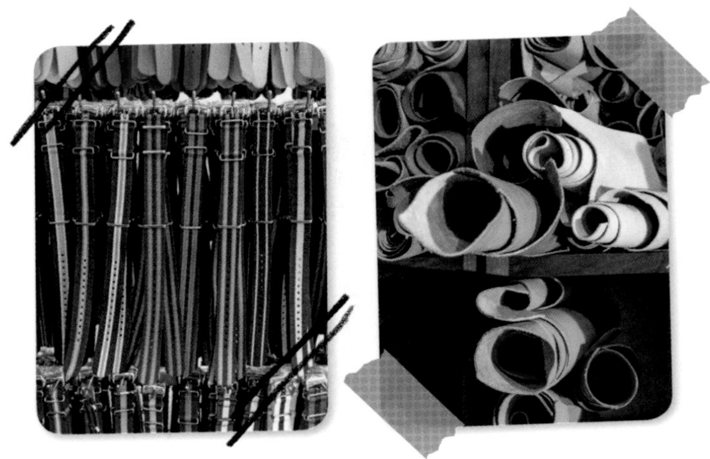

A.B.P. Concept

56, place du Marché-Saint-Honoré, Ier
Tél. 01 47 03 49 71 — www.abpparis.com

05

Pourquoi y aller ? Parfois il suffit juste d'un petit rien pour que tout change. C'est le cas aussi pour une montre quand on lui met un autre bracelet. Cette boutique en a fait sa spécialité. Un nouveau look permet aussi de donner de la valeur à une montre qui n'en a pas.

→ **Le must-have** Le bracelet qu'on crée sur mesure. On n'est jamais mieux stylé que par soi-même. Cette boutique a le label « Entreprise du Patrimoine Vivant ». C'est vraiment Paris !

À dire pour jouer la Parisienne

« Un bon bracelet en Nato militaire nylon à 20 € et n'importe quelle montre reprend du service dans la mode. »

Styl'Honoré

1, rue du Marché-Saint-Honoré, Ier
Tél. 01 42 60 43 39

Pourquoi y aller ? C'est une adresse culte à Paris. Non seulement vous trouvez dans cette boutique un objet – le stylo – qui à l'heure des smartphones paraît totalement désuet, mais en plus, c'est ici que se trouve l'un des derniers tailleurs de plumes de la capitale.

Le must-have Des encres de couleur extraordinaires qui viennent du Japon. Ou alors des encres de très bonne qualité fabriquées par Styl'Honoré. Toutes les marques sont là et tous les prix aussi.

À dire pour jouer la Parisienne

« En plein boom des emails, écrire une lettre à la plume est un signe extérieur de richesse intérieure. »

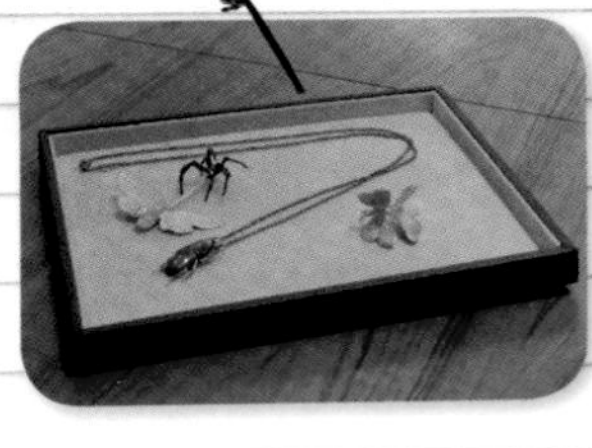

White Bird

38, rue du Mont-Thabor, Ier
Tél. 01 58 62 25 86 — www.whitebirdjewellery.com

Pourquoi y aller ? Dans cette boutique sont regroupés tous les créateurs de bijoux en vogue, ceux qui sortent des sentiers battus de la joaillerie traditionnelle. Une pièce dénichée chez White Bird vous propulse directement au rang de « fille brillante en tendances de bijoux ».
→ **Le must-have** Les grosses bagues de Pippa Small, comme son nom ne l'indique pas...

À dire pour jouer la Parisienne
« On n'a jamais trop de bijoux ! »

Astier de Villatte

173, rue Saint-Honoré, Ier
Tél. 01 42 60 74 13 — www.astierdevillatte.com

Pourquoi y aller ? Pour l'abondance de vaisselle. Impossible de ne pas trouver un style qui nous plaît, d'autant qu'il y a toujours une assiette blanche pour ceux qui sont accros à la simplicité. La céramique créée par la marque fait aussi bien classique que moderne.

→ **Le must-have** Si la vaisselle ne vous inspire pas, shoppez une bougie ou une eau de cologne. Ou, plus collector, le brûle-parfum en forme de chat créé par l'artiste japonaise Setsuko Klossowska de Rola pour Astier de Villatte.

À dire pour jouer la Parisienne

« Quand on n'est pas douée en cuisine, la moindre des politesses pour nos invités est d'utiliser de la jolie vaisselle. »

La Corte

320, rue Saint-Honoré, Ier
Tél. 01 42 60 45 27 — www.restaurantlacorte.com

Pourquoi y aller ? Après une matinée shopping dans le quartier, un bon plat italien est la meilleure façon de reprendre des forces pour arpenter d'autres boutiques l'après-midi.

→ **Quel plat commander ?** Légumes grillés à l'huile d'olive ou taglioni au safran, tout est vraiment bon. Et en dessert, la spécialité : une crème d'amande avec fraises gratinées.

À dire pour jouer la Parisienne

« Un restaurant caché dans une cour est une assurance que l'établissement doit maintenir un certain niveau pour se faire connaître. »

Épicerie/Restaurant

da rosa

7, rue Rouget-de-Lisle / 19 bis, rue du Mont-Thabor, Ier
Tél. 01 77 37 37 87 — www.darosa.fr

Pourquoi y aller ? Déjeuner ou dîner dans une épicerie-cantine est ce qui se fait de plus chic en ce moment. Cette adresse avec ses fauteuils en velours rouge est terriblement cosy. Produits italiens ou ibériques, c'est forcément chaleureux. Et forcément luxe vu que da rosa fournit les plus belles tables de la capitale et d'ailleurs.

→ **Quel plat commander ?** Du jambon Bellotta ou de Parme. Mais vous pouvez vous aventurer vers le Club Sandwich, vous ne prenez aucun risque chez da rosa.

À dire pour jouer la Parisienne

« Avant, j'allais au da rosa du 62, rue de Seine, mais j'aime bien traverser la Seine pour découvrir d'autres adresses. »

Cibus

5, rue Molière, Ier
Tél. 01 42 61 50 19

Pourquoi y aller ? Avec seulement six tables (réservation obligatoire), ce restaurant italien bio entretient un mystère qu'il faut percer. C'est très cosy et intime. C'est bon, donc s'extasier sur son repas fait partie de la conversation.

→ **Quel plat commander ?** Ça change tout le temps. Tout dépend de l'inspiration du chef et de ses trouvailles au marché. Mozzarella, jambon de Parme, tiramisu, c'est italien quoi qu'il arrive.

À dire pour jouer la Parisienne

« Quoi ? Tu n'as pas pu réserver de table chez Cibus ? C'est vraiment trop dommage... »

Les incontournables d'Ines

12 Delphine Courteille

La coiffeuse la plus douée

34, rue du Mont-Thabor, Ier
Tél. 01 47 03 35 35
www.delphinecourteille.com

IIe ARRONDISSNT
Echelle
0 100 200M.
Métropolitain
Limite d'arrondt
do. de quartier
BOULD.
HAUSSMANN
RICHELIEU
DROUOT
CHAUSSÉE-D'ANTIN
OPÉRA
PLACE DE L'OPÉRA
Bd. DES CAPUCINES
Bd. DES ITALNS.
OPÉRA COMIQUE
CRÉDIT LYONN.
RUE DU 4 SEPTEMBRE
4 Septembre
Bours
AVENUE DE L'OPÉRA
Pyramides
BIBLIOTH. NATION.
BANQUE DE FRANCE
PALAIS ROYAL
RUE DE RIVOLI
PALAIS-ROYAL
PLACE VENDÔME
R. DE LA PAIX
RUE ST HONORÉ
R. DES PETITS CHAMPS
R. DANle CASANOVA
uileries
9
2
1
14
17

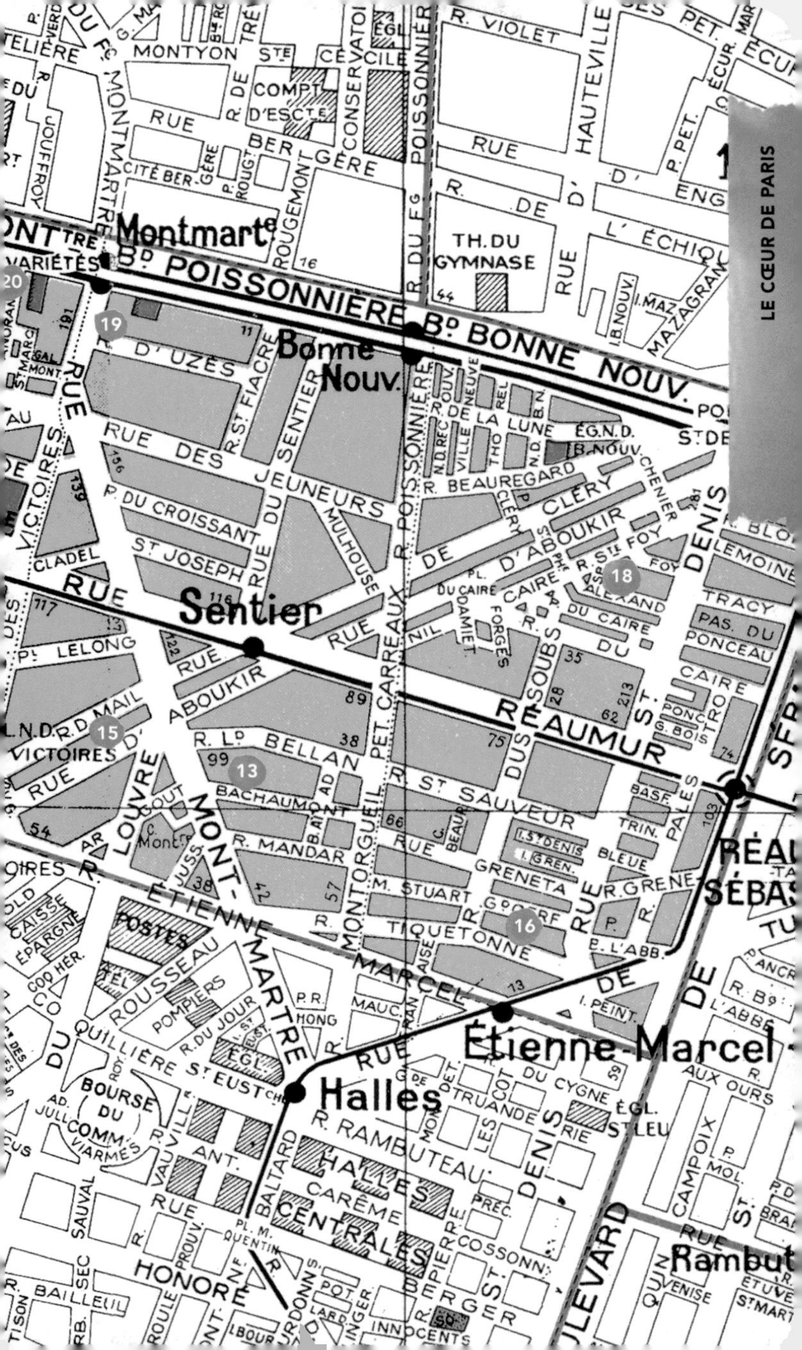

LE CŒUR DE PARIS
Montmartre
Bd POISSONNIÈRE
Bd BONNE NOUV.
Bonne Nouv.
Sentier
RÉAUMUR
Réaumur Sébastopol
Étienne-Marcel
Halles
Rambuteau
RUE MONTYON
STE CÉCILE
COMPT D'ESCTE
CONSERVATOIRE
R. DU FG POISSONNIÈRE
R. VIOLET
HAUTEVILLE
RUE BERGÈRE
CITÉ BERGÈRE
ROUGEMONT
R. DE L'ÉCHIQUIER
TH. DU GYMNASE
MAZAGRAN
VARIÉTÉS
R. D'UZÈS
R. ST FIACRE
RUE DU SENTIER
RUE DES JEUNEURS
R. DU CROISSANT
ST JOSEPH
MULHOUSE
R. POISSONNIÈRE
R. DE LA LUNE
R. BEAUREGARD
CLÉRY
D'ABOUKIR
R. DU CAIRE
PL. DU CAIRE
DAMIETTE
FORGES
ALEXANDRIE
RUE ST DENIS
LEMOINE
TRACY
PAS. DU PONCEAU
RUE DES PETITS CARREAUX
RUE D'ABOUKIR
PL. LELONG
R. DU MAIL
VICTOIRES
R. Ld BELLAN
BACHAUMONT
R. ST SAUVEUR
RUE MONTORGUEIL
R. MANDAR
GRENETA
M. STUART
TIQUETONNE
RUE DU LOUVRE
R. ÉTIENNE MARCEL
MONTMARTRE
CAISSE D'ÉPARGNE
POSTES
ROUSSEAU
POMPIERS
R. DU JOUR
COQUILLIÈRE
ST EUSTACHE
BOURSE DU COMMERCE
VIARMES
R. RAMBUTEAU
HALLES CENTRALES
BALTARD
R. DU CYGNE
ÉGL. ST LEU
AUX OURS
CAMPOIX
BOULEVARD DE SÉBASTOPOL
RUE ST HONORÉ
BAILLEUL
COSSONNERIE
INNOCENTS
ST MARTIN

Salon Christophe Robin

16, rue Bachaumont, IIe
Tél. 01 40 20 02 83 — www.christophe-robin.com

Pourquoi y aller ? Parce que Christophe est tout simplement le meilleur coloriste du monde. Je ne suis pas la seule à lui confier mes cheveux, même Gisele Bündchen fait partie de ses clientes.

Le must-have Il y en a plusieurs vu que Monsieur Robin a sa propre gamme de produits. Le dernier qui promet légèreté et éclat ? La lotion de finition régénérante au vinaigre d'hibiscus.

À dire pour jouer la Parisienne

« Je prends toujours rendez-vous tôt le matin. Du coup, je ne suis pas dérangée par les stars qui n'aiment pas se lever à l'aube. »

Amin Kader

1, rue de la Paix, IIe
Tél. 01 42 61 33 25 — www.aminkader.fr

Pourquoi y aller ? Rien que pour le décor de cette boutique mystérieuse aux allures de chapelle. Le créateur Amin Kader a su inscrire sa marque dans le luxe tout en restant libre de faire ce qu'il veut.

Le must-have Une pièce (du sac au pantalon) griffée Amin Kader durera toute votre vie. J'y vais aussi pour le vaporisateur de pot-pourri de Santa Maria Novella.

À dire pour jouer la Parisienne

« Il a été le premier à avoir les produits de beauté de l'Officine Santa Maria Novella de Florence. Rien que pour cela, on devrait lui être fidèle. »

Not Shy : Cashmere Market Outlet

18, rue du Mail, IIe
Tél. 01 42 36 99 70 — www.notshy.fr

Pourquoi y aller ? Du cachemire à prix cassé ? On est forcément partante pour aller visiter cet outlet. En dehors d'Uniqlo où les cachemires sont sympas et pas chers, Not Shy est la nouvelle marque où je vais sans timidité (« Not shy » ;-)). Elle a fait ses preuves puisqu'elle est présente dans 700 points de vente en France et à l'étranger.

→ **Le must-have** Le slogan « The hottest cashmere » prouve que la marque a de l'humour. C'est basique, mais chaque saison, la griffe a son lot de « hot tendances ».

À dire pour jouer la Parisienne

« Je n'aime pas trop dépenser pour mes cachemires. »

Rickshaw

7, passage du Grand-Cerf, IIe
Tél. 01 42 21 41 03 — www.rickshaw.fr

Pourquoi y aller ? Cette adresse très caverne d'Ali Baba a plein de trésors venus directement d'Inde. Meubles, objets en tout genre, boîtes et même poignées de porte, c'est de l'art indien qui s'insère bien partout.

→ **Le must-have** les lettres en métal (12 € pièce) pour écrire ce qu'on veut sur les murs. Et les publicités indiennes sur plaques émaillées (12 €) donnent tout de suite une touche exotico-ludique à votre déco.

À dire pour jouer la Parisienne

« Parfois, je n'ai pas le temps de faire du shopping quand je suis à Pondichéry. Alors je vais chez Rickshaw. »

A NOTRE DAME DES VICTOIRES
·1· EPICERIE P. LEGRAND CONFISERIE ·1·
LEGRAND Filles & Fils

Legrand filles et fils

1, rue de la Banque, IIe
Tél. 01 42 60 07 12 — www.caves-legrand.com

Pourquoi y aller ? Ce n'est pas nouveau puisque cela fait depuis 1880 que cette épicerie-cave est ouverte. Mais justement, vu qu'elle a ouvert il y a si longtemps et qu'elle existe toujours, c'est vraiment un lieu incontournable.

→ **Le must-do** S'inscrire à un cours de l'École du vin. En trois séances, vous êtes initié aux bases indispensables de la dégustation. Histoire de passer pour une pro lors de vos prochains dîners.

À dire pour jouer la Parisienne

« Oui, ils nous conseillent super bien pour les vins, mais ce que j'aime le plus chez eux, c'est leur confiture aux groseilles épépinées à la plume d'oie. »

Edgar

31, rue d'Alexandrie, IIe
Tél. 01 40 41 05 19 (hôtel) — Tél. 01 40 41 05 69 (restaurant)
www.edgarparis.com

Pourquoi y aller ? Pour changer des palaces impersonnels qui vous obligent à une certaine tenue. Quand vous voyagez relax, il faut choisir des hôtels en conséquence. Celui-ci à la déco esprit vintage présente l'avantage d'avoir un accueil hyper chaleureux et d'être bien situé dans Paris.

→ **La chambre à réserver** On sait que toutes les chambres d'hôtel à Paris sont mini. Ici, il y a plusieurs tailles. Miser tout de suite sur la plus grande (chambre double de luxe – 20 m²).

À dire pour jouer la Parisienne

« Je ne sais pas combien d'étoiles possède cet hôtel, mais dîner sur la terrasse du resto, ça nous met des étoiles dans les yeux. »

Circonstances

174, rue Montmartre, IIe
Tél. 01 42 36 17 05 — www.circonstances.fr

19

Pourquoi y aller ? Pour montrer à votre amoureux que vous connaissez aussi des restaurants de jeune chef et pas seulement des lieux branchés où le plat sort du micro-ondes et la musique est à donf. Anciens de chez Guy Savoy, Franck (en cuisine) et Karine (en salle) ont tout compris : un resto à la déco très sympa, des plats raffinés et toujours bons. On peut y emmener aussi bien un premier rendez-vous amoureux que ses beaux-parents. Le très bon point : les prix sont raisonnables pour un resto d'une telle qualité.

→ **Quel plat commander ?** Le tartare de bœuf. Et le crumble.

À dire pour jouer la Parisienne

« J'aime les restaurants où l'on voit la cuisine. Si notre date *du soir nous ennuie, on peut essayer d'apprendre des recettes. »*

Les incontournables d'Ines

20 Racines

Le top des bistronomiques

8, passage des Panoramas, IIe
Tél. 01 40 13 06 41
www.racinesparis.com

IIIe ET IVe ARRONDISSEMENTS

L'esprit Marais

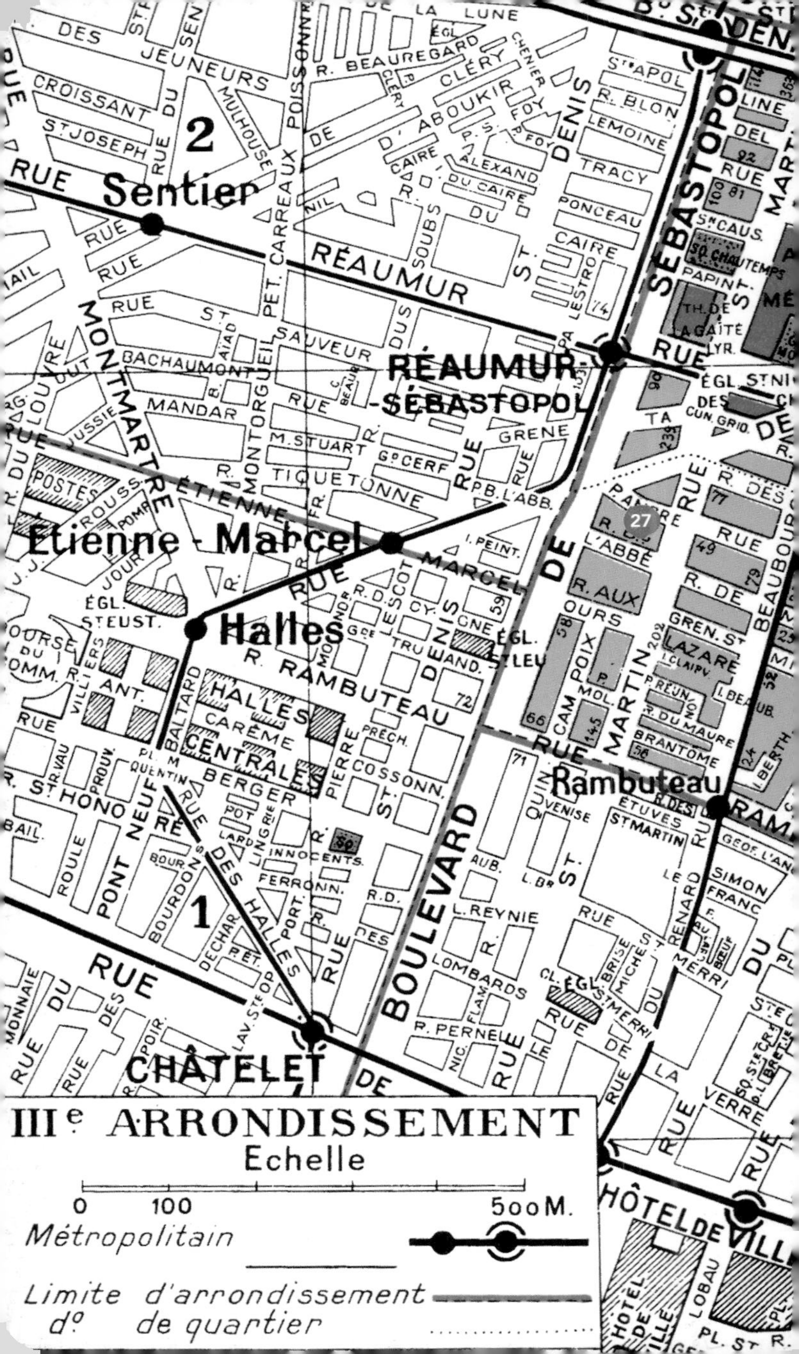

IIIe ARRONDISSEMENT
Echelle
0
100
500 M.
Métropolitain
Limite d'arrondissement
d° de quartier
Sentier
Réaumur-Sébastopol
Etienne-Marcel
Halles
Rambuteau
Châtelet
Hôtel de Ville
2
1
Rue Réaumur
Boulevard de Sébastopol
Rue Montmartre
Rue Montorgueil
Rue Rambuteau
Rue St. Denis
Rue St. Martin
Rue Étienne Marcel
Rue de Turbigo
Halles Centrales
Postes
Égl. St Eustache
Égl. St Leu
Égl. St Merri
Rue Beauregard
Rue de Cléry
Rue d'Aboukir
Rue du Caire
Rue Tiquetonne
Rue Mandar
Rue Bachaumont
Rue des Jeuneurs
Rue du Croissant
Rue St Joseph
Rue Pierre Lescot
Rue des Lombards
Rue de la Verrerie
Rue des Halles
Rue du Pont Neuf
Rue St Honoré
Rue Berger
Rue Quincampoix
Rue de Venise
Rue des Innocents
Rue de la Ferronnerie
Rue de la Reynie
Rue Greneta
Rue Beaubourg
Rue du Renard
Th. de la Gaîté Lyr.
Sq. Chautemps
Rue St Apolline
Rue Blondel
Rue Lemoine
Rue Tracy
Rue du Ponceau
Rue de l'Abbé
Rue aux Ours
Rue Brantôme
Rue Simon Franc
Rue St Merri
Rue du Temple
Lobau

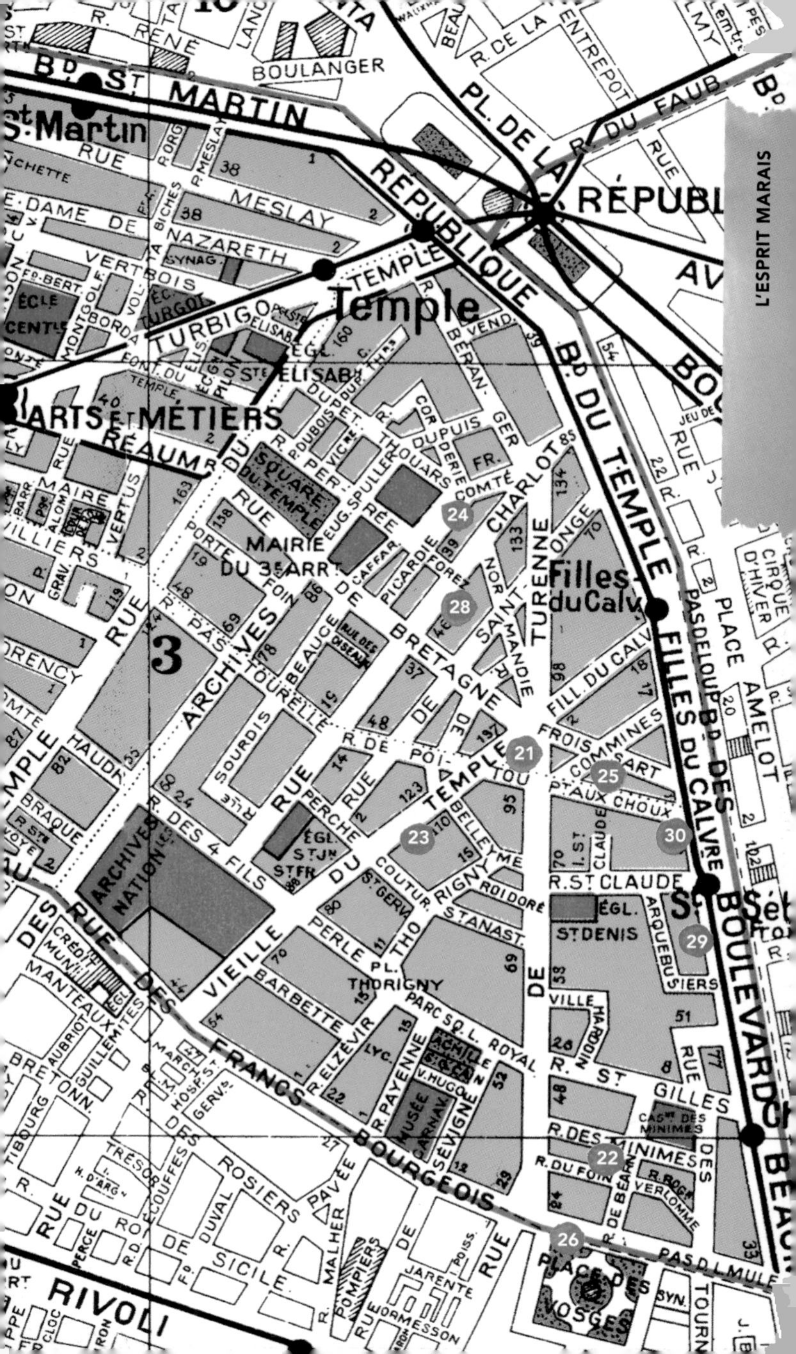

Bd. ST MARTIN
St Martin
RÉPUBLIQUE
RÉPUBL
PL. DE LA
R. DU FAUB.
R. DE LA
ENTREPOT
BOULANGER
RUE MESLAY
NAZARETH
VERTBOIS
TURBIGO
Temple
TEMPLE
ARTS ET MÉTIERS
RÉAUMUR
STE ELISABH
SQUARE DU TEMPLE
MAIRIE DU 3e ARRT
BÉRANGER
DUPUIS
CHARLOT
COMTÉ
SAINTONGE
TURENNE
Filles du Calv
Bd DU TEMPLE
FILLES DU CALVRE
BD DES FILLES DU CALVRE
PASDELOUP
PLACE
AMELOT
CIRQUE D'HIVER
RUE DE BRETAGNE
PICARDIE
FOREZ
NORMANDIE
BEAUCE
ARCHIVES
RUE DU TEMPLE
PASTOURELLE
R. DE POITOU
FROISSART
COMMINES
Pt AUX CHOUX
R. ST CLAUDE
ÉGL. ST DENIS
ARQUEBUSIERS
BOULEVARD
3
HAUDRIETTES
BRAQUE
R. DES 4 FILS
ARCHIVES NATIONALES
VIEILLE DU TEMPLE
PERCHE
COUTURES ST GERVAIS
RIGNY
ROI DORÉ
ST ANASTASE
PERLE
PL. THORIGNY
BARBETTE
R. ELZÉVIR
PARC ROYAL
R. DE VILLE HARDOUIN
R. ST GILLES
CASne DES MINIMES
R. DES MINIMES
R. DU FOIN
R. DE BÉARN
VERLOMME
R. PAYENNE
MUSÉE CARNAV.
SÉVIGNÉ
FRANCS BOURGEOIS
ROSIERS
PAVÉE
MALHER
RUE DE SICILE
RUE DU ROI DE SICILE
RIVOLI
PLACE DES VOSGES
PAS D. L MULE
BEAUMARCHAIS
BLANCS MANTEAUX
CRÉDIT MUNIC.
GUILLEMITES
BRETONN.
TIBOURG
ECOUFFES
DUVAL
JARENTE
ORMESSON
24
28
21
25
23
30
29
22
26

Frenchtrotters

128, rue Vieille-du-Temple, IIIe
Tél. 01 44 61 00 14 — www.frenchtrotters.fr

Pourquoi y aller ? Les créateurs Carole et Clarent ont été les premiers à importer des labels devenus depuis stars comme Acne par exemple. Après avoir eu leur concept-store, ils ont créé leur ligne. Branchée forcément.

Le must-have Leur ligne pour femmes et hommes comporte toujours des t-shirts à messages plutôt subtils. Le dernier qu'on a aimé : « Simplicity is the ultimate sophistication. » C'était pour hommes, mais on l'a quand même porté.

À dire pour jouer la Parisienne
« Ce sont des Parisiens qui s'exportent très bien. »

Bernard Sylvain

7, rue de Béarn, IIIe
Tél. 01 42 78 66 92

Pourquoi y aller ? Pour avoir l'impression de rentrer dans un monde de conte de fées. La musique très enchanteresse contribue à faire de cette boutique un lieu à part. Bernard vend des bijoux, mais peut surtout réaliser tous vos souhaits en matière de bijoux. Il avait réussi à créer un bijou d'après une de mes idées.

→ **Le must-have** Une montre vintage qui n'est pas forcément hautement griffée mais dont le design fait très unique.

À dire pour jouer la Parisienne

« Le bijou le plus rare dans cette boutique ? Son propriétaire. Tellement sympathique. »

Hod

104, rue Vieille-du-Temple, IIIe
Tél. 09 53 15 83 34 — www.hod-boutique.com

Pourquoi y aller ? Ça nous évite de faire de multiples boutiques pour dénicher des bijoux. Ce multimarque réunit toutes les griffes dont on parle, de Brooke Gregson à Maria Tash. Certains bijoux ont des histoires dingues, c'est ce qui fait de ce lieu une échoppe pour trouver des porte-bonheur.

Le must-have La bague Ava multi-pierres de Taylor Wave ou toutes celles signées Dorette.

À dire pour jouer la Parisienne

« Mon collier est signé Sharing, c'est un groupe de nonnes tibétaines exilées en Belgique après avoir manifesté pacifiquement contre l'occupation chinoise. Quoi ? La mode, c'est sérieux parfois. »

Monsieur

53, rue Charlot, IIIe
Tél. 01 42 71 12 65 — www.monsieur-paris.com

Pourquoi y aller ? Difficile de trouver une bijouterie-atelier comme celle-ci où vous ressortez forcément avec quelque chose. C'est minimaliste. Chic évidemment. La simplicité, Monsieur sait faire. Et du coup, c'est Nadia Azoug, la créatrice, qu'il faut acclamer.

Le must-have La bague Zoé, une merveille de délicatesse, qui existe en or rose, blanc ou jaune. Et la bague Queen, l'incontournable, joliment épurée.

À dire pour jouer la Parisienne
« J'y allais déjà en 2009, tu ne savais même pas que ça existait. »

MOna MArket

4, rue Commines, IIIe
Tél. 01 42 78 80 04 — www.monamarket.com

Pourquoi y aller ? Pour décorer sa maison. Vases, draps de lit, lampes, coussins, vaisselle, déco pour chambre d'enfant, tout est là. Même quelques vêtements en coloration végétale.
→ **Le must-have** Les meubles tunisiens Tinja et la marque de vêtements n° 74.

À dire pour jouer la Parisienne
« J'ai d'abord connu la boutique de Montpellier qui avait été créée par une décoratrice d'intérieur qui a confié les rênes de celle de Paris à sa fille, architecte d'intérieur. Bref, c'est très familial comme affaire. »

Tensira

21, place des Vosges, IIIe
Tél. 09 83 87 93 10 — www.tensira.com

Pourquoi y aller ? Avant d'y aller, il faut prendre rendez-vous, car ce n'est pas une boutique mais un showroom. Je suis tombée amoureuse de ces tissus tous fabriqués à la main en Afrique. C'est hyper raffiné. Coup de cœur bien sûr pour l'indigo.

Le must-have J'adore les petits matelas qui peuvent servir à plein de choses et que j'entasse pour que cela donne l'impression d'une banquette. On trouve aussi du tissu au mètre, des torchons, des rideaux et plein d'autres choses réalisées dans ces jolis tissus.

À dire pour jouer la Parisienne

« Je n'arrive jamais à m'organiser pour prendre rendez-vous au showroom, du coup je vais dans tous les points de vente de la marque indiqués sur le site internet. Oui, oui, même la boutique Ines de la Fressange vend du signé Tensira. »

Pep's

Passage de l'Ancre
223, rue Saint-Martin, IIIe
Tél. 01 42 78 11 67 — www.peps-paris.com

Pourquoi y aller ? C'est le genre d'atelier-boutique qu'il faut chouchouter car ils font l'âme de la capitale. Chez Pep's, on ne trouve que des parapluies, des ombrelles ou des cannes. Mais surtout, c'est là qu'il faut apporter son parapluie abîmé pour qu'il soit réparé. Il paraît qu'on peut même vous faire un produit sur mesure.

→ **Le must-have** Choisir un parapluie qui ira bien avec son trench.

À dire pour jouer la Parisienne

« Il faudra que je donne l'adresse à Catherine Deneuve, je suis sûre qu'elle sera contente de faire réparer son parapluie de Cherbourg. »

Les Chouettes

32, rue de Picardie, IIIe
Tél. 01 44 61 73 21 — www.restaurant-les-chouettes-paris.fr

Pourquoi y aller ? Pour manger dans un grand espace très lumineux grâce à l'immense verrière. Du carrelage aux chaises en passant par les tables, la déco est top. Tout comme la vaisselle. Quand il faut beau, la terrasse est prise d'assaut.
→ **Quel plat commander ?** C'est très frais, ça change tout le temps, mais le Paris-Brest, souvent là, vaut le détour.

À dire pour jouer la Parisienne
« C'est chouette, non ? »

Maison Plisson

93, bd Beaumarchais, IIIe
Tél. 01 71 18 19 09 — www.lamaisonplisson.com

Pourquoi y aller ? Pour le côté épicerie. Sur 500 m^2 sont réunis un marché, une cave, une boulangerie et un restaurant avec terrasse. C'est la nouvelle adresse de l'année ouverte par une fille qui travaillait dans la mode. C'est donc forcément bien étudié côté style. Vu que ce n'est pas loin de chez Merci (111, bd Beaumarchais, IIIe), c'est un avantage.

→ **Quel plat commander ?** Ici, tout est bon vu que Delphine Plisson sélectionne soigneusement ses fournisseurs, producteurs et éleveurs. Le vrai plus de cette adresse ? Le service de livraison.

À dire pour jouer la Parisienne

« On se croirait à New York, car c'est aussi ouvert le dimanche. »

Les incontournables d'Ines

30 Merci

Le concept-store le plus sympa-chic

111, bd Beaumarchais, IIIᵉ
Tél. 01 42 77 00 33
www.merci-merci.com

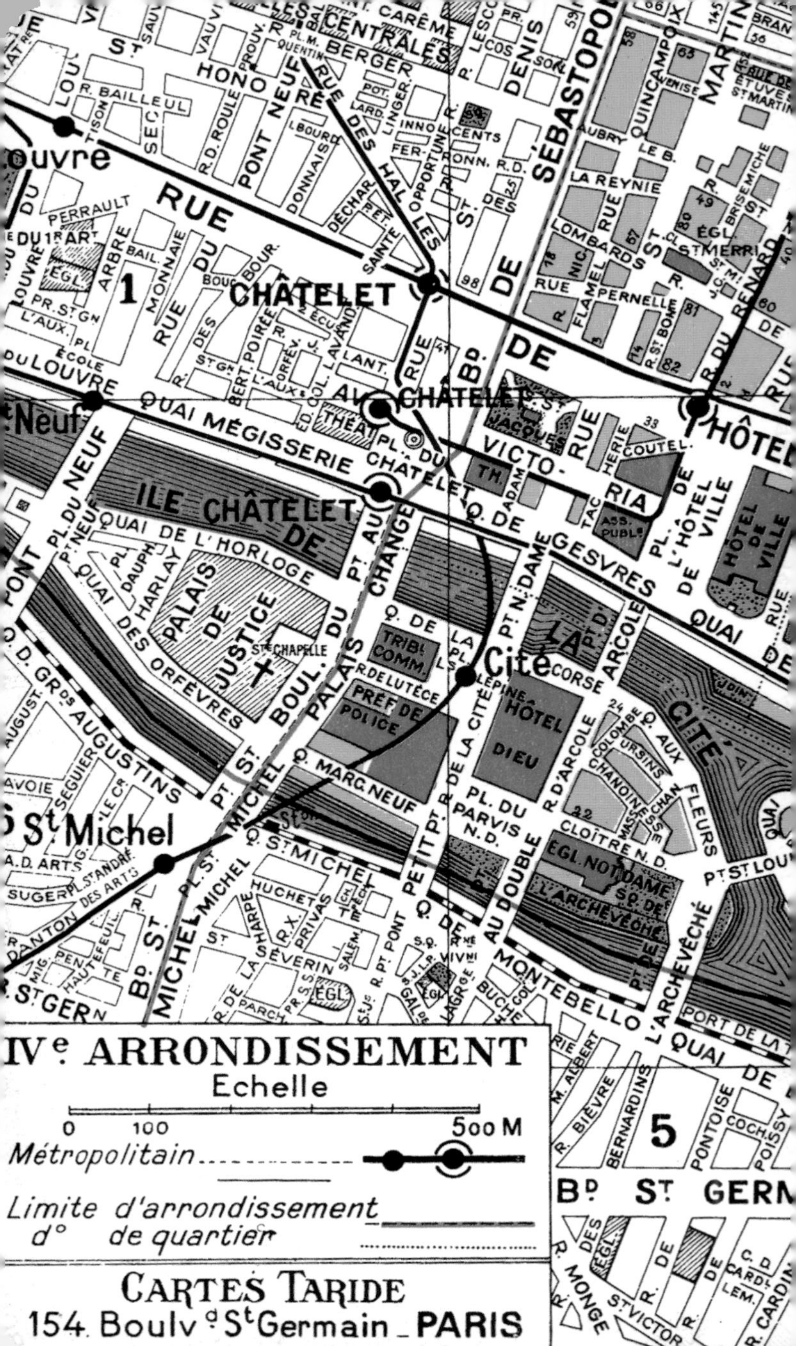

IVe. ARRONDISSEMENT
Echelle
0
100
500 M
Métropolitain
Limite d'arrondissement
d° de quartier
CARTES TARIDE
154. Boulvd. St Germain _ PARIS
HALLES CENTRALES
RUE ST HONORÉ
RUE DE RIVOLI
CHÂTELET
AV. VICTORIA
PL. DU CHÂTELET
QUAI MÉGISSERIE
QUAI DE GESVRES
QUAI DE L'HORLOGE
QUAI DES ORFÈVRES
QUAI DES Gds AUGUSTINS
QUAI ST MICHEL
QUAI DE MONTEBELLO
QUAI DE L'ARCHEVÊCHÉ
ILE DE LA CITÉ
PALAIS DE JUSTICE
Ste CHAPELLE
TRIBL. COMM.
PRÉF. DE POLICE
HÔTEL DIEU
PL. DU PARVIS N.D.
CLOÎTRE N.D.
ÉGL. NOTRE DAME
SQ. DE L'ARCHEVÊCHÉ
HÔTEL DE VILLE
PL. DE L'HÔTEL DE VILLE
BD. DE SÉBASTOPOL
BD. DU PALAIS
BD. ST MICHEL
BD. ST GERMAIN
PONT NEUF
PT. AU CHANGE
PT. N. DAME
PT. D'ARCOLE
PT. ST MICHEL
PETIT PT.
PT. AU DOUBLE
PT. ST LOUIS
St Michel
Cité
Pt Neuf
Louvre
Hôtel
1
5
RUE ST DENIS
RUE ST MARTIN
RUE QUINCAMPOIX
RUE DES LOMBARDS
ST MERRI
TOUR ST JACQUES
RUE DES HALLES
RUE DU PONT NEUF
RUE DE LA MONNAIE
RUE DE L'ARBRE SEC
RUE DU RENARD
RUE DE LUTÈCE
RUE D'ARCOLE
RUE DE LA CITÉ
MARCHÉ NEUF
RUE DE LA HARPE
RUE ST SÉVERIN
RUE DANTON
RUE MONGE
RUE DE BIÈVRE
RUE DES BERNARDINS
RUE DE PONTOISE
RUE DE POISSY
RUE ST VICTOR

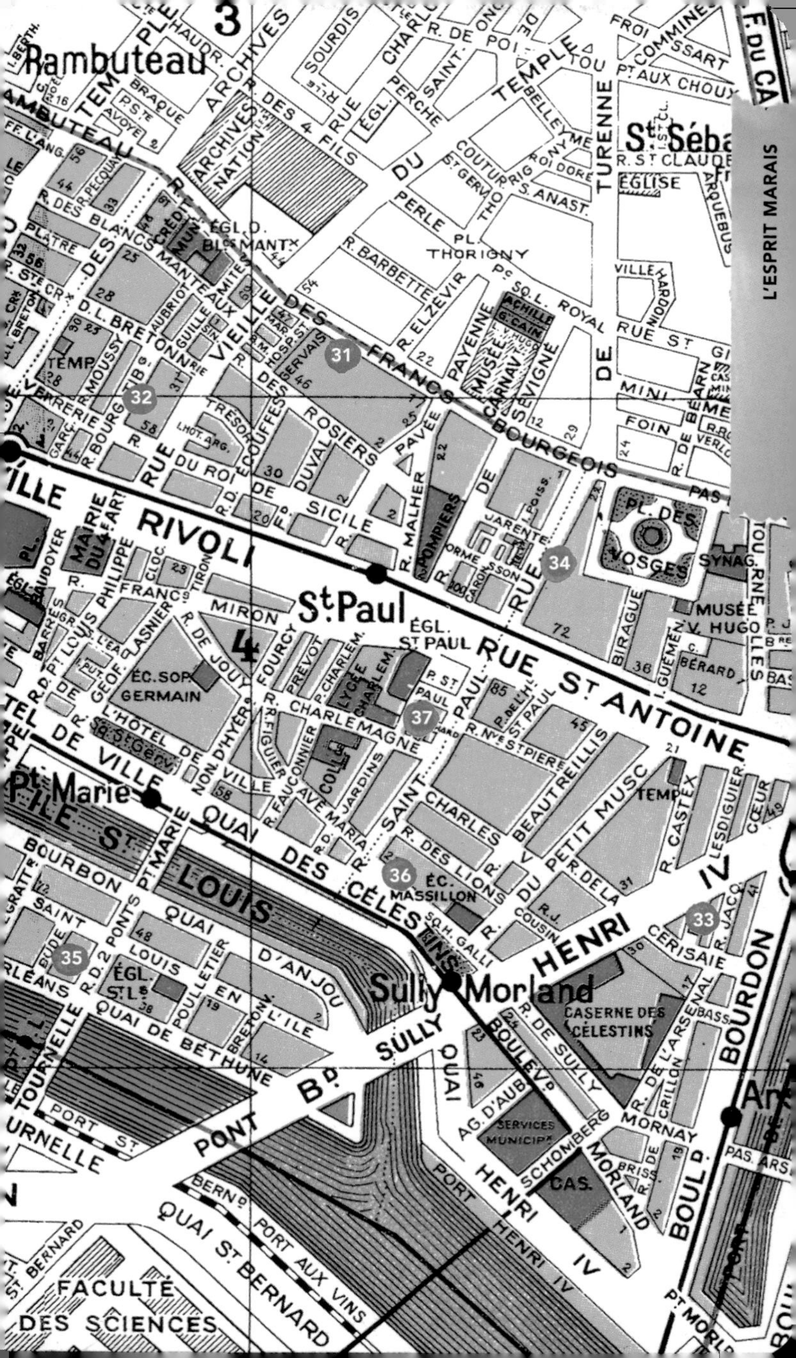
3
Rambuteau
Archives
R. des 4 Fils
Archives Nation.
Sourdis
R. de Poitou
Temple
Turenne
St Sébastien
R. St Claude
Église
Pt aux Choux
Froissart
Commines
Du Temple
Perche
Saint
Charlot
Égl.
Couture St Gerv.
Thorigny
Pl. Thorigny
S. Anast.
R. Roi Doré
Perle
R. Barbette
R. Elzévir
Payenne
Musée Carnavalet
Sévigné
Achille
G. Cain
Sq. L. Royal
Rue St Gilles
Villehardouin
Arquebus
R. des Blancs Manteaux
Égl. D. Blcs Mantx
Crédit Mun.
Vieille du Temple
D. L. Bretonnerie
R. Moussy
Temp.
R. Bourg Tib.
Verrerie
Aubriot
Guillemites
R. des Francs Bourgeois
Hosp. St Gervais
Rosiers
Trésor
R. des Écouffes
Pavée
R. Duval
Rue du Roi de Sicile
R. Malher
Pompiers
Jarente
R. Caron
Ormesson
R. de Béarn
Foin
Mini
Pas
Pl. des Vosges
Synag.
Tournelles
Musée V. Hugo
Rivoli
Mairie du 4e Art
Baudoyer
Ville
Rue St Antoine
St Paul
Égl. St Paul
R. Miron
Fourcy
Prévot
R. Charlemagne
Lycée Charlem.
Birague
Guéméné
Bérard
R. François Miron
R. de Jouy
Éc. Sop. Germain
R. de l'Hôtel de Ville
Sq. St Gerv.
Nom. d'Hyères
R. Figuier
R. Fauconnier
Ave Maria
Jardins
Coll.
Saint Paul
R. Nve St Pierre
Beautreillis
Petit Musc
R. Castex
Lesdiguières
Cœur
Temp.
Pt Marie
Île St Louis
Quai de l'Hôtel de Ville
Quai des Célestins
Saint Charles
R. des Lions
Éc. Massillon
R. du Petit Musc
R. de la Cerisaie
R. Jacq.
Henri IV
Bourdon
Bourbon
Saint Louis en l'Île
Quai d'Anjou
Sq. H. Galli
Sully Morland
Caserne des Célestins
R. de Sully
R. de l'Arsenal
Crillon
Mornay
Égl. St L.
Ponts
Poulletier
Bretonv.
Quai de Béthune
Quai d'Orléans
Budé
Sully
Bd Sully
Pont Sully
Quai Henri IV
Ag. d'Aub.
Services Municipx
Boulevd Morland
Schomberg
Cas.
Boul. Bourdon
Pas. Arsenal
Ar
Port Henri IV
Tournelle
Port St Bernard
Quai St Bernard
Port aux Vins
Faculté des Sciences
31
32
33
34
35
36
37
L'ESPRIT MARAIS

Uniqlo

39, rue des Francs-Bourgeois, IVe
Tél. 01 53 01 87 87 — www.uniqlo.com

Pourquoi y aller ? Parce qu'en matière de basiques de très bonne qualité et à très bon prix, on peut difficilement faire mieux. Et je disais déjà cela avant même de travailler avec eux. Vous pouvez vérifier... Côté boutique, celle du Marais est vraiment magnifique.

Le must-have Il ne faut pas hésiter à aller au rayon hommes pour les chemises en lin ou les jeans un peu larges. Même les pulls ont une coupe intéressante pour les jours où on veut avoir l'air vraiment cool.

À dire pour jouer la Parisienne

« Belle qualité et bas prix, il fallait des champions d'origami comme les Japonais pour réussir cette alliance. »

La Botte Gardiane

25, rue du Bourg-Tibourg, IVᵉ
Tél. 01 77 16 58 45 — www.labottegardiane.com

Pourquoi y aller ? Histoire de jubiler qu'on puisse les trouver à Paris. Avant les deux boutiques parisiennes, il fallait prendre le train et aller dans le sud pour enfiler une botte gardiane, chaussures indispensables pour les gardiens de taureaux ou chevaux camarguais. Mais, rassurez-vous, même sans cheval, on peut les porter.

→ **Le must-have** La botte gardiane originale. Mais les sandales Belle-Île, un nouveau modèle, gagnent à être essayées.

À dire pour jouer la Parisienne

« J'ai commandé des camarguaises sur mesure, fourrées, beige et assez hautes. J'espère que je ne vais pas trop attendre, car ce sont des chaussures idéales pour faire du shopping en hiver. »

Bird on the Wire

2, rue de Lesdiguières, IVe
Tél. 01 42 74 83 79 — www.botw.fr

Pourquoi y aller ? Quand on est en mal d'inspiration pour les cadeaux. Surtout pour les ados. Il y a plein de gadgets, des bijoux en toc, des serviettes en papier et même des louches à soupe.

→ **Le must-have** La trousse de maquillage imprimée « A smile is the best makeup to wear... » ou la « Tasse au super-pouvoir contre les cernes de panda » de Mr Wonderful.

À dire pour jouer la Parisienne
« On n'a jamais trop de sous-verre. »

forever

Delphine Pariente

19, rue de Turenne, IVe
Tél. 01 42 71 84 64 — www.delphinepariente.fr

Pourquoi y aller ? C'est là qu'on trouve des bijoux vraiment mignons à petits prix puisqu'il y en a beaucoup en plaqué or. Quand une amie accouche d'un bébé, je lui offre un petit bijou genre pendentif ou une médaille personnalisable. Et pareil pour le bébé. Car elle aura déjà reçu 23 cardigans Bonpoint et 35 doudous tout doux.

→ **Le must-have** Le pendentif Bambi, c'est mon animal fétiche. Il y en a plein dans ma maison. Et dans ma boutique.

À dire pour jouer la Parisienne

« Plutôt qu'arriver à des dîners avec des fleurs, je viens avec des bagues, c'est plus pérenne. »

« ON VOIT MÊME DES JAPONAIS EN MAL DE LEUR PAYS CHEZ ISAMI. ÇA DONNE UNE IDÉE DU SÉRIEUX DE L'ÉTABLISSEMENT. »

Isami

4, quai d'Orléans, IVe
Tél. 01 40 46 06 97

Pourquoi y aller ? Ce n'est pas le plus connu des restaurants japonais à Paris, mais c'est le mieux situé car il est sur l'île Saint-Louis. Reste que certains disent que ce sont les meilleurs sushis de la capitale. Il faut réserver une place au bar pour voir œuvrer le chef.

Quel plat commander ? Je ne me souviens pas des noms des plats, tous très compliqués. Quoi qu'il en soit, prenez du poisson cru, vous en trouverez rarement de si savoureux.

Le Petit Célestin

12, quai des Célestins, IVe
Tél. 01 73 20 25 24 — www.lepetitcelestin.fr

Pourquoi y aller ? Pour l'esprit « Only in Paris ». Situé face aux quais de Seine, on dit que c'est un resto-bistrot à l'ancienne. Nous on dit surtout que c'est un endroit sympathique avec ses serviettes rouge et blanche à carreaux comme on aime. L'été, quelques tables dehors font le décor.

Quel plat commander ? Tout est simple et bon. De la burrata-tomates cerises au tartare de thon.

À dire pour jouer la Parisienne
« Ça, c'est Paris ! »

Les incontournables d'Ines

 Cru

La meilleure terrasse à l'heure du déjeuner

7, rue Charlemagne, IVe
Tél. 01 40 27 81 84
www.restaurantcru.fr

Vᵉ

ARRONDISSEMENT

Le Quartier latin

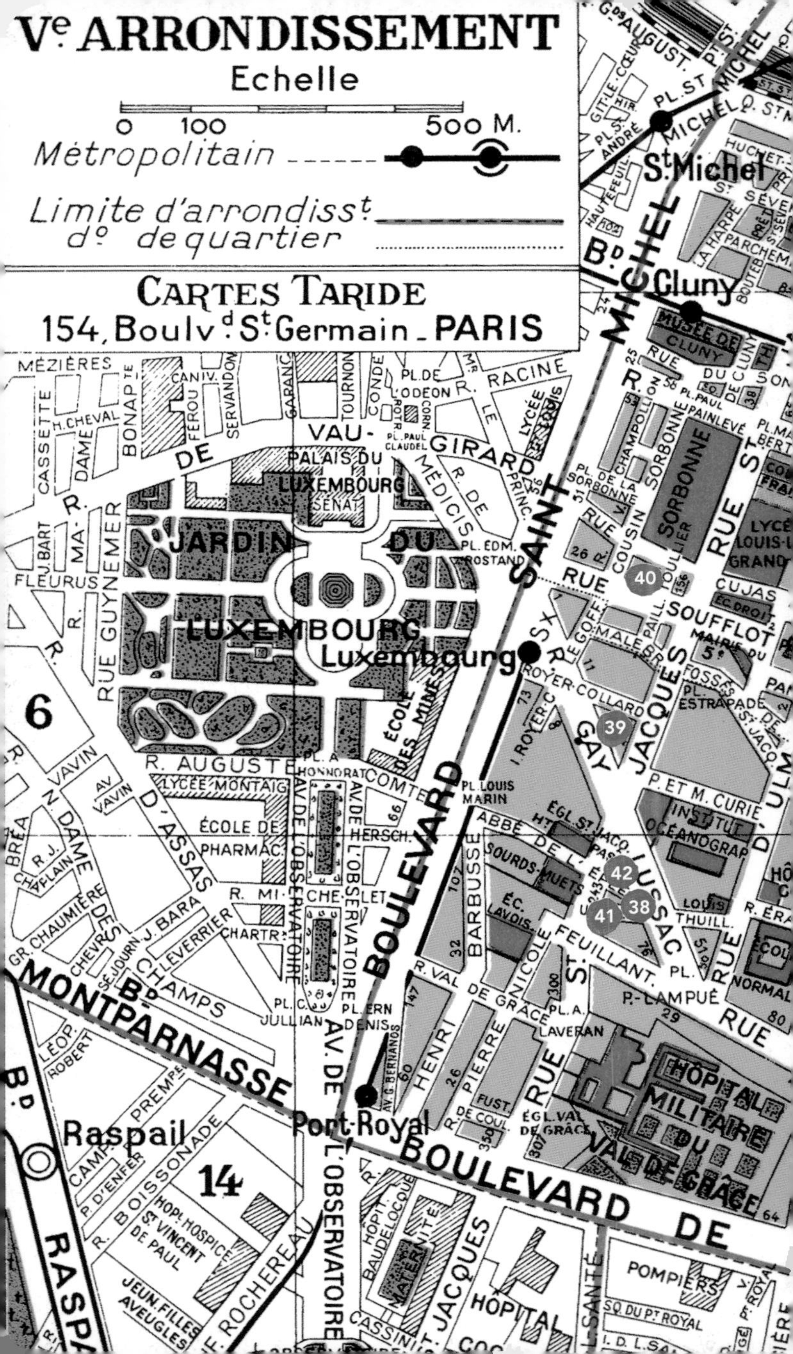

Vᵉ ARRONDISSEMENT
Echelle
0 100 500 M.
Métropolitain
Limite d'arrondissᵗ
dᵒ de quartier
CARTES TARIDE
154, Boulvᵈ Sᵗ Germain _ PARIS
PL. ST MICHEL
St Michel
Bᴰ MICHEL
Cluny
MUSÉE DE CLUNY
RUE DU SOMMERARD
PL. PAUL PAINLEVÉ
SORBONNE
RUE CHAMPOLLION
PL. DE LA SORBONNE
RUE CUJAS
RUE SOUFFLOT
MAIRIE DU 5ᵉ
PL. ESTRAPADE
RUE GAY LUSSAC
RUE ST JACQUES
LYCÉE LOUIS-LE-GRAND
R. RACINE
PL. DE L'ODÉON
VAUGIRARD
PALAIS DU LUXEMBOURG
SÉNAT
JARDIN DU LUXEMBOURG
Luxembourg
PL. EDM. ROSTAND
R. DE MÉDICIS
BOULEVARD SAINT MICHEL
ROYER-COLLARD
P. ET M. CURIE
INSTITUT OCÉANOGRAP.
R. AUGUSTE COMTE
LYCÉE MONTAIGNE
ÉCOLE DE PHARMAC.
ÉCOLE DES MINES
AV. DE L'OBSERVATOIRE
R. MICHELET
PL. LOUIS MARIN
ABBÉ DE L'ÉPÉE
SOURDS-MUETS
R. HENRI BARBUSSE
R. VAL DE GRÂCE
RUE FEUILLANT.
PL. A. LAVERAN
RUE ST JACQUES
P. LAMPUÉ
HÔPITAL MILITAIRE DU VAL DE GRÂCE
ÉGL. VAL DE GRÂCE
R. D'ASSAS
R. VAVIN
R. N. DAME DES CHAMPS
RUE GUYNEMER
FLEURUS
6
Bᴰ MONTPARNASSE
Port-Royal
BOULEVARD DE PORT-ROYAL
Bᴰ RASPAIL
Raspail
14
R. BOISSONADE
HOPᴸ HOSPICE Sᵀ VINCENT DE PAUL
JEUN. FILLES AVEUGLES
R. DE CASSINI
HÔPIT. BAUDELOCQUE
MATERNITÉ
POMPIERS
SQ DU Pᵀ ROYAL
HÔPITAL

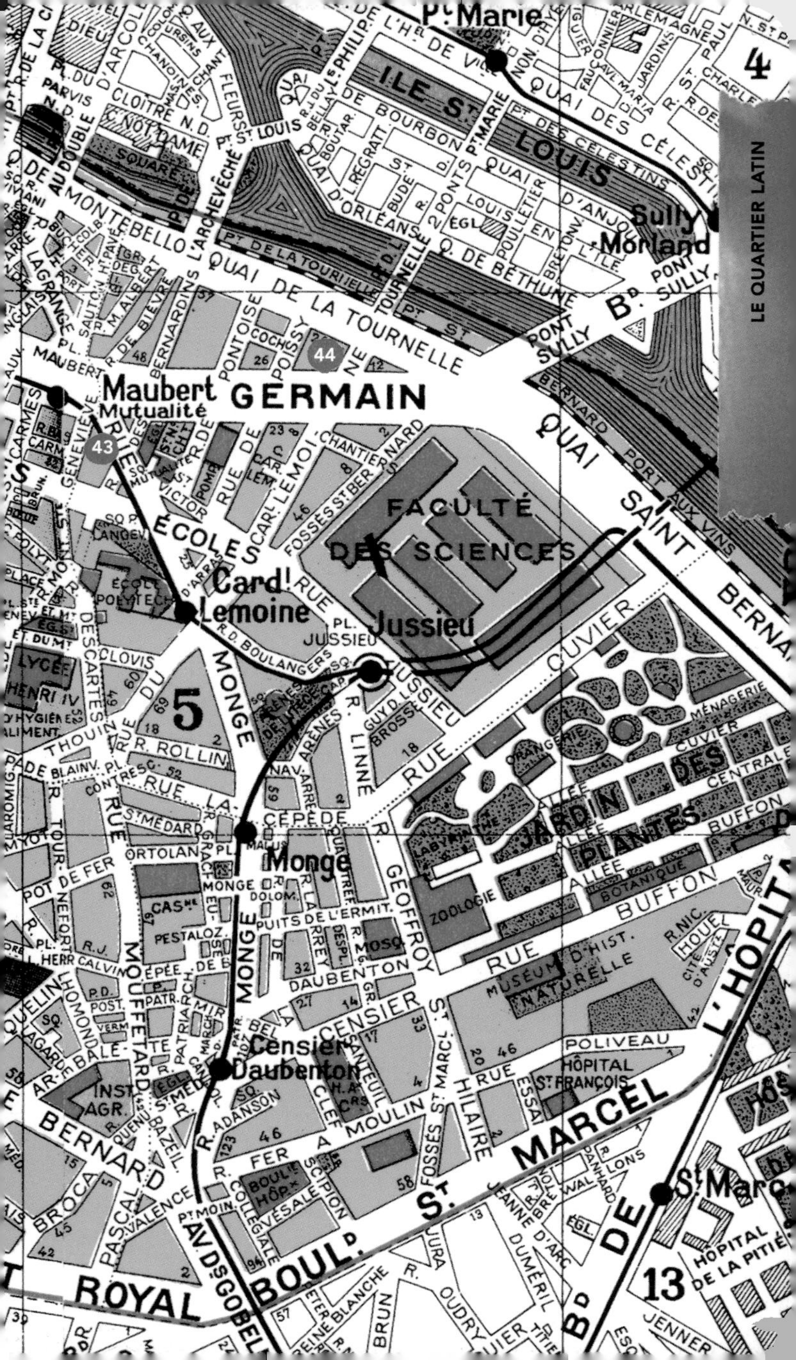

LE QUARTIER LATIN
4
5
13
Pt. Marie
ILE St. LOUIS
Sully Morland
Maubert Mutualité
Card! Lemoine
Jussieu
Monge
Censier Daubenton
St. Marcel
GERMAIN
FACULTÉ DES SCIENCES
JARDIN DES PLANTES
MUSÉUM D'HIST. NATURELLE
QUAI DE LA TOURNELLE
QUAI D'ORLÉANS
Q. DE BÉTHUNE
QUAI D'ANJOU
QUAI DES CÉLESTINS
QUAI DE MONTEBELLO
QUAI SAINT BERNARD
PORT AUX VINS
PONT SULLY
Bd. SULLY
PT. DE LA TOURNELLE
PT. DE L'ARCHEVÊCHÉ
PT. St. LOUIS
SQUARE
PARVIS N.D.
CLOÎTRE N.D.
ÉCOLES
RUE MONGE
RUE CUVIER
RUE BUFFON
RUE GEOFFROY
RUE CENSIER
RUE DAUBENTON
RUE MOUFFETARD
RUE LINNÉ
ARÈNES DE LUTÈCE
ÉCOLE POLYTECH.
LYCÉE HENRI IV
PL. JUSSIEU
MÉNAGERIE
ORANGERIE
LABYRINTHE
ZOOLOGIE
BOTANIQUE
HÔPITAL St. FRANÇOIS
POLIVEAU
BOULD. St. MARCEL
Bd. DE L'HÔPITAL
HÔPITAL DE LA PITIÉ
PORT ROYAL
AV. DES GOBELINS
RUE CLAUDE BERNARD
BROCA
PASCAL
INST. AGR.
R. ROLLIN
RUE LACÉPÈDE
R. TOURNEFORT
R. LHOMOND
PESTALOZ.
CAS.NE
PUITS DE L'ERMIT.
MOSQ.
FER A MOULIN
SCIPION
VÉSALE
COLLÉGIALE
R. ADANSON
JEANNE D'ARC
DUMÉRIL
R. OUDRY
JENNER
44
43

Breiz-Norway

33, rue Gay-Lussac, Ve
Tél. 01 43 29 47 82

Pourquoi y aller ? On a toujours besoin d'une vraie marinière en coton col bateau. Ou d'une casquette de marin ou encore de grosses chaussettes en laine. Bref, pour des vêtements bretons et norvégiens, c'est la bonne adresse.

→ **Le must-have** L'incontournable marinière qu'on peut porter à toutes les saisons et qui traverse les années et les tendances sans prendre une rayure...

À dire pour jouer la Parisienne
« Mes marinières ? Je vais les chercher à la source. »

Finn-Austria

25, rue Gay-Lussac, V^e^
Tél. 01 43 54 75 40 — www.finn-austria.fr

Pourquoi y aller ? Avec ces vêtements autrichiens, il est facile d'avoir un style folklo. Et cela sans être passé par Vienne et son opéra. Cette boutique a été créée à la demande de l'ambassade d'Autriche pour promouvoir les produits de ce pays.

Le must-have Un pull jacquard pour avoir l'air d'être Ingrid Bergman aux sports d'hiver.

À dire pour jouer la Parisienne

« Tu ne trouves pas que ma veste de chasseur autrichien ressemble à une veste Chanel ? »

Dubois

20, rue Soufflot, Ve
Tél. 01 44 41 67 50 — www.dubois-paris.com

Pourquoi y aller ? On n'a jamais assez de carnets. Je suis atteinte de cette maladie de la « carnélite » et je les accumule comme si une pénurie de carnets nous menaçait. Ce magasin spécialisé dans les beaux-arts existe depuis 1861. Autant dire que c'est une maison de confiance.

→ **Le must-have** Le stylo Kaweco. Le mien est en cuivre. Et des capuchons pour les crayons.

À dire pour jouer la Parisienne

« En période de stress, c'est là que je me procure des livres de coloriages. L'art-thérapie, tu connais ? »

Bass et Bass

8, rue de l'Abbé-de-L'Épée, Ve — Tél. 01 42 25 97 01
Autre adresse : La Boutique Bass, 229, rue Saint-Jacques, Ve
Tél. 01 43 25 52 52 — www.bassetbass.fr

Pourquoi y aller ? Les boutiques de jouets en bois ou en fer ont toujours une bonne âme. Je vous rassure, j'adore les jouets en plastique très colorés, j'en vends d'ailleurs dans ma boutique. Les jouets en bois de Bass sont neufs, mais inspirés de jouets rétro. Ce côté désuet devient furieusement tendance à l'ère des jeux vidéo.

→ **Le must-have** Les jouets en métal avec une clé pour les remonter comme un manège, un robot ou un éléphant.

À dire pour jouer la Parisienne

« J'offre toujours de jolis jouets en bois, car si cela n'intéresse pas l'enfant, ça permet de décorer sa chambre. »

« UN BEAU BOUQUET DANS LA MAISON PERMET D'OUBLIER QU'ON N'A PAS FAIT LE MÉNAGE. »

Thalie

223, rue Saint-Jacques, V^e^
Tél. 01 43 54 41 00 — www.thalie-fleurs.fr

Pourquoi y aller ? Les fleurs, c'est comme la cuisine : il faut de bons produits et un bon chef. Et c'est ce qu'on trouve chez Thalie avec Pascale Leray qui a de superbes anémones, des pois de senteur, des fleurs en pot et énormément d'autres choses. Vous pouvez lui confier la décoration florale d'un événement, genre votre mariage, vous verrez qu'elle s'en sortira avec brio.

Le must-have Je suis une fan de pivoines rose pâle et de violettes, c'est pour cela que j'ai donné ce prénom à ma fille. Heureusement que je n'étais pas fan des tulipes...

Aux Merveilleux de Fred

2, rue Monge, Ve
Tél. 01 43 54 63 72 — www.auxmerveilleux.com

Pourquoi y aller ? C'est rare les pâtisseries où les stars sont simplement deux gâteaux : un blanc (meringue, crème fouettée au spéculos et copeaux de chocolat blanc) et un noir (meringue, crème fouettée au chocolat noir enrobée de copeaux de choco). Ils sont présents à tous les anniversaires de la famille. Depuis la naissance de ces gâteaux, d'autres sont nés dont l'Excentrique à la cerise ou le Sans-Culotte au caramel.

→ **Que commander ?** On y va surtout pour ces deux gâteaux qui sont merveilleux et incroyables (ça tombe bien, c'est leur nom).

À dire pour jouer la Parisienne
« Quand je suis à New York et que j'ai besoin de sucre, je file à la boutique Aux Merveilleux de la 8e Avenue. »

Chez René

14, bd Saint-Germain, Ve
Tél. 01 43 54 30 23

Pourquoi y aller ? Tout ce qui est né en 1957 est formidablement bien, c'est comme cela. Ce restaurant ne fait pas exception. En été, la terrasse est super. Si on veut avoir l'impression d'être en France, c'est l'adresse parfaite. La déco avec affiches au mur est typique. La cuisine est classique, mais bonne. Le spot idéal pour vos amis américains qui veulent l'esprit frenchy.

Quel plat commander ? Tournedos de rumsteak, pot-au-feu, quenelles de brochet, vous l'aurez compris, c'est du 100 % français.

À dire pour jouer la Parisienne

« Quand il y a des rognons de veau à la carte, on peut dire que c'est un resto de mecs. »

VIe ET VIIe
ARRONDISSEMENTS

Le style Saint-Germain-des-Prés

VIe ARRONDISS^NT.

Echelle

0 100 400M.

Métropolitain

Limite d'arrond^t.

d^o. de quartier

CARTES TARIDE

154, Boul^d. S^t. Germain. PARIS

Gare d'Orsay
St Dominique
Las Cases
Minist. Educ. Nat.le
Minis. des Ancs Combts
Minist. des Travaux Publics
R. Bellechasse
R. de Bac
Bd. St Germain
Bac
Amb. d'U.R.S.S.
Amb. d'Italie
R. de Varenne
Boulev^d.
R. de Grenelle
St Guil.
7
Hôtel Matignon
Présidence du Conseil
Lycée Victor Duruy
Chanaleil
Barb. de Jy
Missions Étrangères
St François Xavier
Rue de Babylone
Sèvres Babylone
Croix
Caserne
Monsieur
Oudinot
Hôpital Laënnec
R. Rousselet
R. Pier. Leroux
Olivet
Rue Vaneau
Minist. France Outre-Mer
Av. C^t. Coquelin
Av. Danl. Lesueur
Bd. des Invalides
Duroc
R. de Sèvres
Vaneau
Abbé
R. St Romain
Caisse d'Épargne
R. J.B. de La Salle
R. Mayet
Cherche Midi
Rennes
Pl. Alph. Deville
R. du Regard
Placide
Grégoire
Pens.^t St Nicolas
St Placide
Vaugirard
Littré
Raspail
Rue de Rennes
Collège Stanislas
Montparnasse
Duroc
Masseran
Jeun. Aveugles
Hôp. des Enfants Malades
Hôpital Necker
Falguière
Rue de Vaugirard
Boulev^d. Montparnasse
Pl. du 18 Juin 1940
Bienvenüe
Av. du Maine
R. Ant. Bourdelle
15
Pl. Bienvenüe
Pl. Raoul Dautry
R. du Départ
Odessa
R. du Montparnasse
Vavin
Delambre
Edgar Quinet
Bd. de Vaugirard
Gare Montparnasse
R. du Maine
Gaîté
Dulac
Falguière
Dechamb
Moisant
Mizon
Sequard
Air France
Pasteur

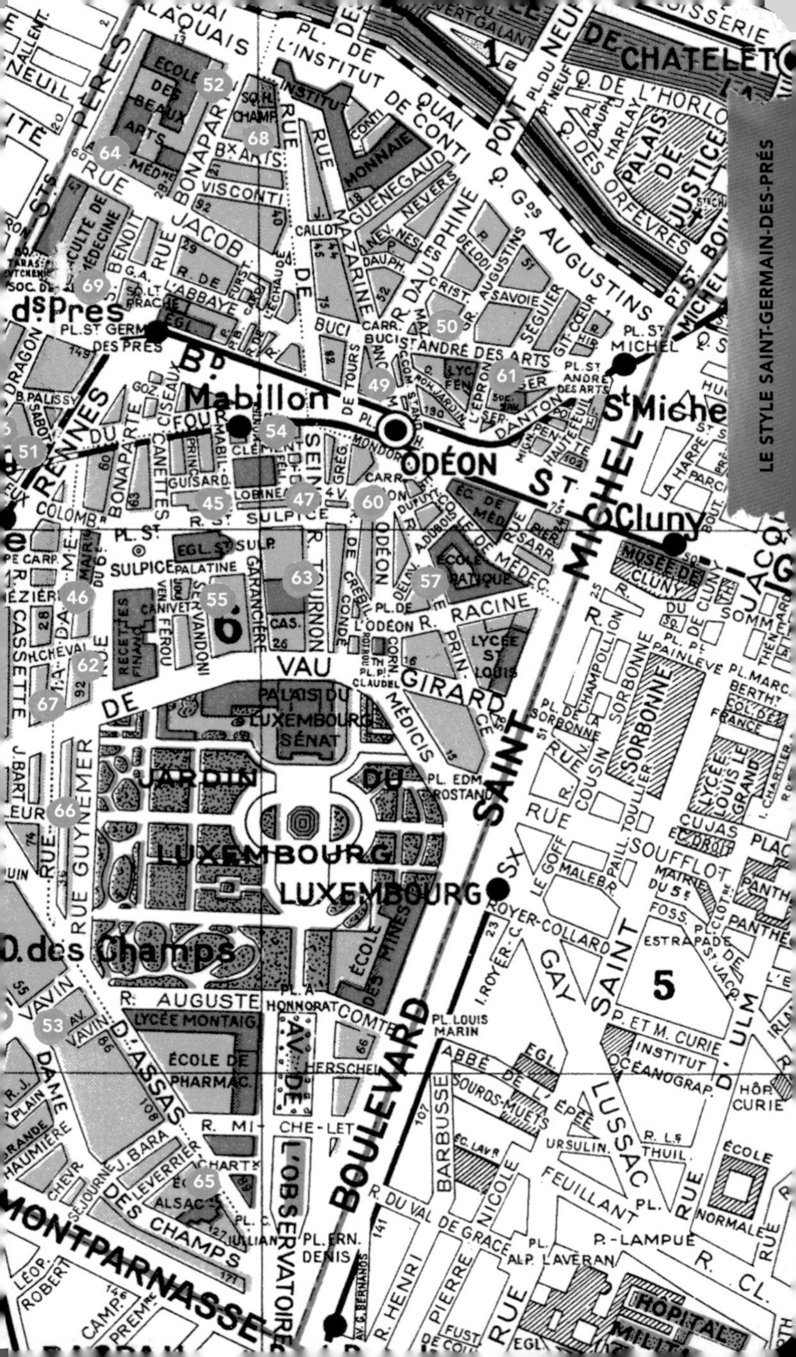
QUAI MALAQUAIS
PL. DE L'INSTITUT
QUAI DE CONTI
CHATELET
Q. DE L'HORLOGE
Q. DES ORFÈVRES
PALAIS DE JUSTICE
PONT NEUF
Q. Gds AUGUSTINS
ÉCOLE DES BEAUX ARTS
INSTITUT
MONNAIE
RUE BONAPARTE
RUE DES STS PÈRES
RUE JACOB
VISCONTI
GUÉNÉGAUD
NEVERS
DAUPHINE
RUE MAZARINE
RUE DE SEINE
FACULTÉ DE MÉDECINE
R. DE L'ABBAYE
BUCI
ST ANDRÉ DES ARTS
SÉGUIER
SAVOIE
PL. ST MICHEL
St Michel
Bd ST GERMAIN
PL. ST GERMAIN DES PRÉS
Mabillon
R. DU FOUR
RENNES
ODÉON
CARR. ODÉON
DANTON
ÉC. DE MÉD.
R. ST SULPICE
PL. ST SULPICE
EGL. ST SULP.
Cluny
MUSÉE DE CLUNY
R. DE TOURNON
R. DE CONDÉ
ODÉON
ÉCOLE PRATIQUE
R. RACINE
LYCÉE ST LOUIS
SORBONNE
R. CHAMPOLLION
VAUGIRARD
PALAIS DU LUXEMBOURG SÉNAT
JARDIN DU LUXEMBOURG
PL. EDM. ROSTAND
RUE GUYNEMER
RUE CASSETTE
RUE MADAME
N.D. des Champs
LUXEMBOURG
SOUFFLOT
LYCÉE LOUIS LE GRAND
R. CUJAS
BOULEVARD SAINT MICHEL
ÉCOLE DES MINES
R. AUGUSTE COMTE
LYCÉE MONTAIGNE
ÉCOLE DE PHARMAC.
AV. DE L'OBSERVATOIRE
R. MICHELET
RUE D'ASSAS
ROYER-COLLARD
GAY LUSSAC
RUE SAINT JACQUES
5
P. ET M. CURIE
INSTITUT OCÉANOGRAP.
ABBÉ DE L'ÉPÉE
ÉCOLE NORMALE
RUE D'ULM
FEUILLANTINES
R. DU VAL DE GRACE
BD. MONTPARNASSE
R. HENRI BARBUSSE
HÔPITAL MILIT.
52
64
68
69
50
61
49
54
51
45
47
60
46
55
63
57
62
67
66
53
65

Tabio

32, rue Saint-Sulpice, VIe
Tél. 01 43 26 28 12 — www.tabio.fr

Pourquoi y aller ? Si votre famille est du genre à s'étriper pour une paire de chaussettes, parce que l'exacte origine de celle-ci est floue, il suffit d'aller chez Tabio qui brode les chaussettes pour rétablir la paix dans les ménages. Seul un Japonais pouvait avoir une si bonne idée.

Le must-have Il faut savoir oser la chaussette originale sans toutefois opter pour les cinq orteils arc-en-ciel.

À dire pour jouer la Parisienne

« Je n'achète que des chaussettes rose fuchsia, comme cela, personne ne me les vole. »

Milk on the Rocks

7, rue de Mézières, VIe
Tél. 01 45 49 19 84 — www.milkontherocks.net

Pourquoi y aller ? Détails originaux, imprimés rock'n'roll, couleurs surprenantes et matières confortables, les vêtements pour enfants Milk on the Rocks plaisent non seulement aux parents, mais surtout aux enfants. Le truc bien, c'est qu'on peut les emmener avec nous faire du shopping car il y a plein de petits gadgets dans la boutique qui les tiennent occupés.

Le must-have Les t-shirts à tête de lion ou de panda (selon les collections) et les sweats avec toujours un imprimé rigolo.

À dire pour jouer la Parisienne

« Je serai éternellement reconnaissante à cette griffe d'avoir créé un cardigan couleur anis avec bordure turquoise en taille 16 que j'arrive à mettre. Je l'adore, car il a un petit côté vintage. »

Wild

18, rue Saint-Sulpice, VIe
Tél. 01 43 54 76 22 — www.wild-paris.com

Pourquoi y aller ? Tout est dans les tons beige, blanc cassé, taupe, c'est un style bobo chic qui nous donne tout de suite l'envie de devenir Pocahontas avec des bottes frangées ou des santiags vieillies.

→ **Le must-have** Un chèche qui a l'air d'avoir déjà des années de voyage dessiné par la créatrice de la boutique.

À dire pour jouer la Parisienne

« C'est vraiment une boutique à part. On y trouve des marques qu'on ne voit nulle part ailleurs à Paris. »

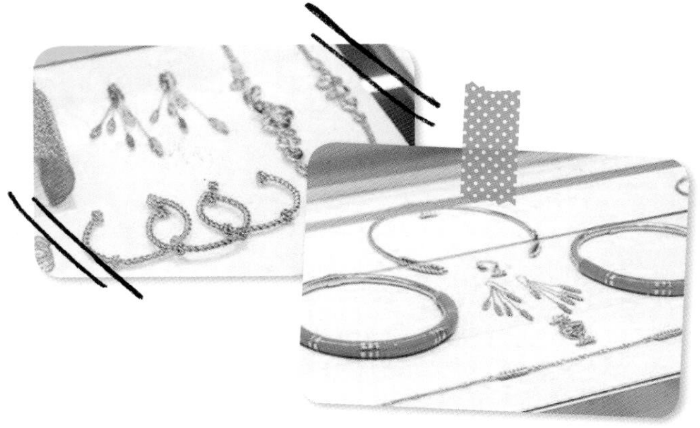

Aurélie Bidermann

55 bis, rue des Saints-Pères, VIe
Tél. 01 45 48 43 14 — www.aureliebidermann.com

48

Pourquoi y aller ? Il est normal de s'intéresser à cette créatrice qui a, il y a plus de dix ans, révolutionné le monde du bijou fantaisie en créant des tendances qui ne s'éteignent pas. Sa ligne Do Brasil qui mixe chaîne et fil en coton a été l'une des collections les plus copiées au monde. Aujourd'hui, elle fait aussi de la haute joaillerie.

→ **Le must-have** Des must-have chez Aurélie, il y en a beaucoup. Prenez tout ce que vous voulez, comme par exemple un bracelet de la ligne Serpent. L'essentiel est d'a-ccu-mu-ler.

À dire pour jouer la Parisienne *« Je croise toujours Aurélie chez Ralph's (173, bd Saint-Germain, VIe), le restaurant de Ralph Lauren. J'ai l'impression que c'est sa cantine. »*

Monic

14, rue de l'Ancienne-Comédie, VIe
Tél. 01 43 25 36 61
Autre adresse : 5, rue des Francs-Bourgeois, IVe
Tél. 01 42 72 39 15

Pourquoi y aller ? Il y a des milliers de bijoux de toutes sortes dans cette boutique. Quand je vais chez Monic, c'est surtout pour qu'elle répare mes bijoux qui sont un peu cassés, qu'elle les transforme, qu'elle trouve un moyen pour que je puisse utiliser un pendentif qu'on ne peut accrocher nulle part, qu'elle transforme trois médailles de baptême en or en un bracelet ultra-épuré. C'est une magicienne.

Le must-have Celui qu'elle va réussir à vous créer avec vos deux bagues tout abîmées.

À dire pour jouer la Parisienne

« Tu ne donnes pas l'adresse à tout le monde, cela m'embêterait de devoir attendre des semaines pour qu'elle fonde mon or. »

Curiosités

26-28, rue des Grands-Augustins, VIe
Tél. 01 46 33 09 63

Pourquoi y aller ? Je vais dans cette boutique de bijoux anciens avec mon amie Sandrine Kiberlain. On pousse des hurlements dès qu'on entre dans cette boutique. Les prix sont très raisonnables. Le propriétaire est charmant. Gardez cette adresse secrète !

→ **Le must-have** Les intailles, ces pierres gravées ou taillées en creux dans la masse. On a l'impression d'avoir à faire à une pierre de musée.

À dire pour jouer la Parisienne
« C'est une bague de famille. »

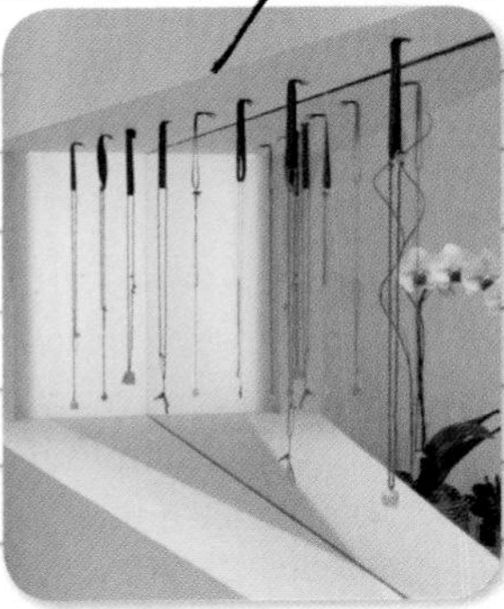

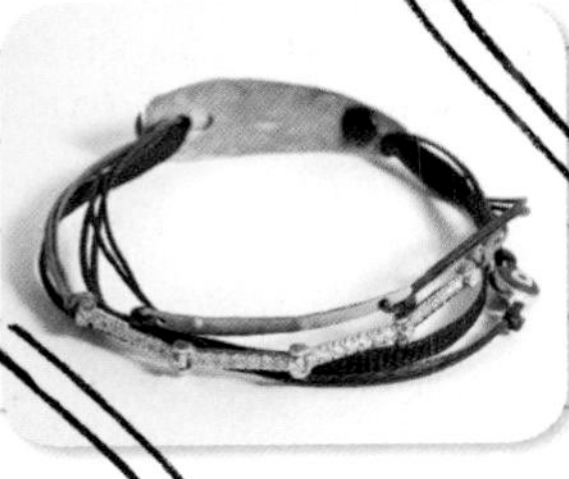

Apriati

54, rue du Four, VIe
Tél. 01 42 22 15 42 — www.apriati.com

Pourquoi y aller ? C'est comme une drogue : une fois que vous commencez à acheter des bijoux chez Apriati, vous devenez addict. Rien qu'avec un bracelet, on a l'impression d'être en vacances à Mykonos, même en plein mois de janvier. Il y a tous les prix. Ils ont tous l'air unique. Je les accumule, surtout les bracelets. Mais vu que je n'ai que deux bras, il y a un moment où je dois m'arrêter. Ces bijoux ont aussi les plus jolis fermoirs du monde.

→ **Le must-have** Impossible de choisir, mais le bracelet 7 Cords dont on choisit la couleur et le fermoir, un Charm, est un très bon cadeau à faire.

À dire pour jouer la Parisienne

« J'ai le portable du vendeur qui s'appelle Arthur si jamais tu en as besoin. »

OFFICINE UNIVERSELLE BULY

Buly 1803

6, rue Bonaparte, VIe
Tél. 01 43 29 02 50 — www.buly1803.com

Pourquoi y aller ? Rien que pour admirer le travail qui a été accompli pour recréer cette marque ancienne rachetée par le directeur artistique Ramdane Touhami et sa femme Victoire de Taillac. Il existe bien une histoire pour cette marque, mais tout a été repensé et résultat : on a l'impression qu'elle a toujours existé malgré de longues années de sommeil. Même le carrelage en céramique de la boutique a l'air ancien.

→ **Le must-have** tous les produits de beauté (crèmes, huiles parfums, savons, etc.) ou encens à brûler signés Buly 1803 sont encensés par celles qui les utilisent. J'adore aussi mais j'y vais surtout pour les pinceaux de maquillage japonais.

À dire pour jouer la Parisienne

« On sent tout un passé littéraire dès qu'on entre dans la boutique. C'est certainement normal : le parfumeur Jean-Vincent Buly a inspiré Honoré de Balzac pour sa "Comédie Humaine". Et puis avec son col blanc et son pull noir, Victoire, qui joue la vendeuse, aurait pu être une héroïne de roman. »

Le Petit Souk

17, rue Vavin, VIe
Tél. 01 42 02 23 71 — www.lepetitsouk.fr

Pourquoi y aller ? Quand on a un cadeau de naissance à faire, c'est là qu'il faut aller pour des objets et des petits vêtements fun et pas nunuche. Notamment la petite veilleuse en forme de lapin ou une turbulette dans des tissus amusants. Et il y a aussi de la déco et de la papeterie (on n'a jamais assez de carnets !).

Le must-have Un jour, j'avais commandé sur leur site internet un lange avec des étoiles rose fluo comme quelque chose dont j'avais besoin en urgence. Je n'ai toujours pas trouvé son utilité, mais c'est vrai qu'il est sympa.

À dire pour jouer la Parisienne

« J'y vais pour acheter des cadeaux de naissance, mais je repars toujours avec un truc pour moi. C'est là que j'ai trouvé mon panier en osier que je prends à la plage. »

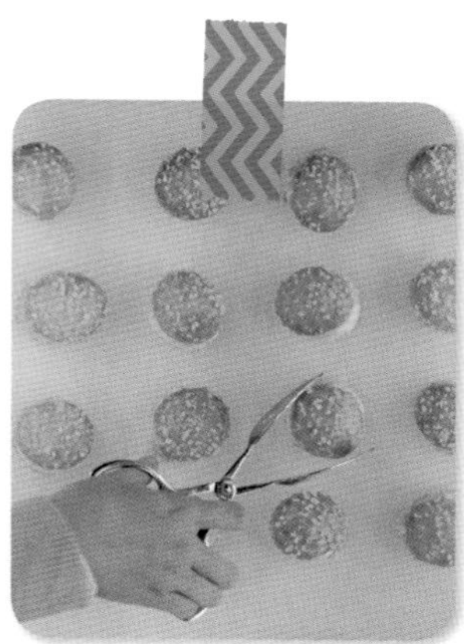

La Tarte Tropézienne

3, rue de Montfaucon, VIe
Tél. 01 43 29 09 81 — www.latartetropezienne.fr

Pourquoi y aller ? Si vous ne connaissez pas encore cette brioche à la crème, il est temps d'y goûter. Longtemps, on ne pouvait en manger qu'à Saint-Tropez, mais aujourd'hui elle est à Paris. J'en suis ravie, je suis née dans cette région et j'aime toujours y retourner. Surtout pour me fournir en sandales de chez Rondini (www.rondini.fr), l'autre spécialité locale à essayer d'urgence.

Le must-have La tarte tropézienne, bien sûr. Perso, je prends la Baby Trop' (des mini-bouchées de tarte tropézienne), c'est beaucoup plus régime.

À dire pour jouer la Parisienne

« Il paraît que c'est Brigitte Bardot qui a donné l'idée au pâtissier Alexandre Micka de nommer sa brioche. Et Dieu créa la pâtisserie... »

LE BON
SAINT POURÇAIN

Le Bon Saint Pourçain

10 bis, rue Servandoni, VIe
Tél. 01 42 01 78 24

Pourquoi y aller ? Il a toujours été mon restaurant préféré. Le typique parisien qui fait l'esprit de la capitale. Il a été racheté par un type génial, David Lanher, à l'origine de Racines (dont j'avais parlé dans *La Parisienne*), du Caffè Stern et de Noglu (restaurant et épicerie sans gluten). Le lieu a gagné en gaieté et la cuisine de Mathieu Techer est tout simplement à tomber.

→ **Quel plat commander ?** Les fameux poireaux vinaigrette. De la volaille, toujours bien préparée. Et la mousse au chocolat noir, inoubliable.

À dire pour jouer la Parisienne

« L'homme avec les lunettes qui a pris notre commande, ce n'était pas un serveur au Café de Flore ? »

Aux Prés

27, rue du Dragon, VIe
Tél. 01 45 48 29 68 — www.restaurantauxpres.com

Pourquoi y aller ? Parce que Cyril Lignac est l'un des chefs les plus doués et sympathiques venu de l'Aveyron. Du coup, son resto (il en a trois dans Paris et deux pâtisseries) est comme lui : très attrayant. Il s'est installé à la place du resto culte de viande Claude Sainlouis et a mis sur le mur du papier peint qu'il avait trouvé dans la cave. Forcément vintage chic.
Quel plat commander ? Le burger de bœuf Black Angus, frites, mayonnaise, miel curry de Cyril est le meilleur de la capitale. Et son éclair au caramel au beurre salé, une tuerie.

À dire pour jouer la Parisienne
« Pour emmener un peu de Cyril chez moi, j'achète ses bougies sur www.cyrillignac.com. »

Luisa Maria

12, rue Monsieur-le-Prince, VIe
Tél. 01 43 29 62 49

Pourquoi y aller ? Écrivons-le tout de suite : c'est la meilleure pizzeria de Paris. En plus, elle a une petite terrasse en été et est même chauffée en automne. Forcément, c'est souvent pris d'assaut. Et si vous êtes sur la rive droite, rendez-vous dans l'autre établissement de ces propriétaires, le Maria Luisa (2, rue Marie-et-Louise, Xe).

Quel plat commander ? La pizza du jour est toujours un bon plan. Je me souviens d'une aux 4 tomates, excellente.

À dire pour jouer la Parisienne

« Les propriétaires sont napolitains, c'est donc normal qu'ils soient maestro de la pizza. C'est comme quand un alsacien ouvre un restaurant de choucroute. »

Café Trama

83, rue du Cherche-Midi, VIe
Tél. 01 45 48 33 71

Pourquoi y aller ? J'y suis allée surtout parce que ma copine Domino habite juste à côté. Mais c'est une atmosphère bistrot très sympa, très parisienne qui mixe années 1950 et contemporain. Et c'est aussi une très bonne cuisine française avec rillettes de porc, tartare et pot-au-feu. À noter : on peut aussi venir avec des enfants, ce n'est pas mal vu.

→ **Quel plat commander ?** Le croque-monsieur Poujauran au sel de truffe.

À dire pour jouer la Parisienne

« La propriétaire s'appelle Marion, Marion Trama. »

Maison du Kashmir

8, rue Sainte-Beuve, VIe
Tél. 01 45 48 66 06 — www.maisondukashmir.fr

Pourquoi y aller ? Il y a toujours un moment où on a envie de manger un curry. C'est bien aussi de savoir que le Cachemire, c'est avant tout une région... Côté cuisine, on retrouve les basiques : il y a bien sûr les samossa, le poulet madras, les naans au fromage ainsi que l'agneau au lait de coco.

→ **Quel plat commander ?** Du poulet Tikki Massala. Et un jus de fruits Lassi.

À dire pour jouer la Parisienne

« Quand j'organise des dîners de dernière minute avec des copains, je commande tout à la Maison du Kashmir. Ils livrent dans tout Paris. »

LE HIBOU

Le Hibou

16, carrefour de l'Odéon, VIe
Tél. 01 43 54 96 91 — www.lehibouparis.fr

Pourquoi y aller ? Les terrasses dans le quartier ne sont pas très nombreuses. Celle-ci est située au carrefour de l'Odéon et a une déco plutôt sympa (on sent qu'il y a eu un travail de chinage aux puces) avec une dominante de couleur bleue qui fait limite penser qu'on est en vacances. C'est surtout l'endroit idéal pour un dîner avant ou après le cinéma à Odéon. Même le dimanche.

Quel plat commander ? La salade chinoise, vraiment très bonne.

À dire pour jouer la Parisienne

« Ça a un petit côté New York tendance Lower East Side, tu ne trouves pas ? Mais le propriétaire est aveyronnais. C'est lui aussi qui a racheté Sénéquier, le café mythique de Saint-Tropez. »

Allard

41, rue Saint-André-des-Arts (entrée 1, rue de l'Éperon), VIe
Tél. 01 58 00 23 42 — www.restaurant-allard.fr

Pourquoi y aller ? Personne ne nous a attendus pour aller chez Allard, mais au cas où un touriste achète ce guide, il sera peut-être content de découvrir cet endroit du Paris d'antan. Je n'y étais pas en 1932, mais je pense que le cadre n'a pas beaucoup changé. Il fait partie des derniers bistrots authentiques de la capitale. C'est le chef Alain Ducasse qui a repris les rênes de ce resto tradi.

Quel plat commander ? Œufs cocotte aux champignons, carré d'agneau, sole meunière, profiteroles, île flottante, c'est tradi-classique, mais repensé par Ducasse, ça gagne en modernité.

À dire pour jouer la Parisienne

« Aujourd'hui, c'est la cuisine signée Ducasse, mais en 1932, c'était Marthe Allard qui tenait les casseroles. C'était une paysanne bourguignonne qui était montée avec ses recettes de famille à Paris. »

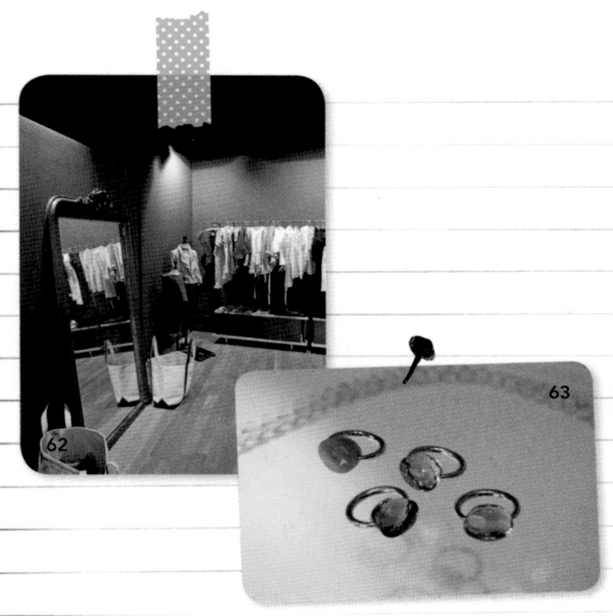

Les incontournables d'Ines

62 Sœur

Les vêtements trop pour ados

88, rue Bonaparte, VIe
Tél. 01 46 34 19 33
www.soeur.fr

63 Marie-Hélène de Taillac

*Les joyaux à l'air indien
qui mettent de bonne humeur*

8, rue de Tournon, VIe
Tél. 01 44 27 07 07
www.mariehelenedetaillac.com

64 Adelline

Les bijoux en toute simplicité

54, rue Jacob, VIe
Tél. 01 47 03 07 18
www.adelline.com

65 Attal Cordonnerie

Le cordonnier qui fait des sandales

122, rue d'Assas, VIe
Tél. 01 46 34 52 33

66 Bread & Roses

Le café au cheesecake le plus crémeux

62, rue Madame, VIe
Tél. 01 42 22 06 06
www.breadandroses.fr

67 La Villa Madame

L'hôtel le plus charmant

44, rue Madame, VIe
Tél. 01 45 48 02 81
www.hotelvillamadameparis.com

68 L'Hôtel

L'hôtel le plus discret

13, rue des Beaux-Arts, VIe
Tél. 01 44 41 99 00
www.l-hotel.com

69 Café de Flore

Le café le plus parisien

172, bd Saint-Germain, VIe
Tél. 01 45 48 55 26

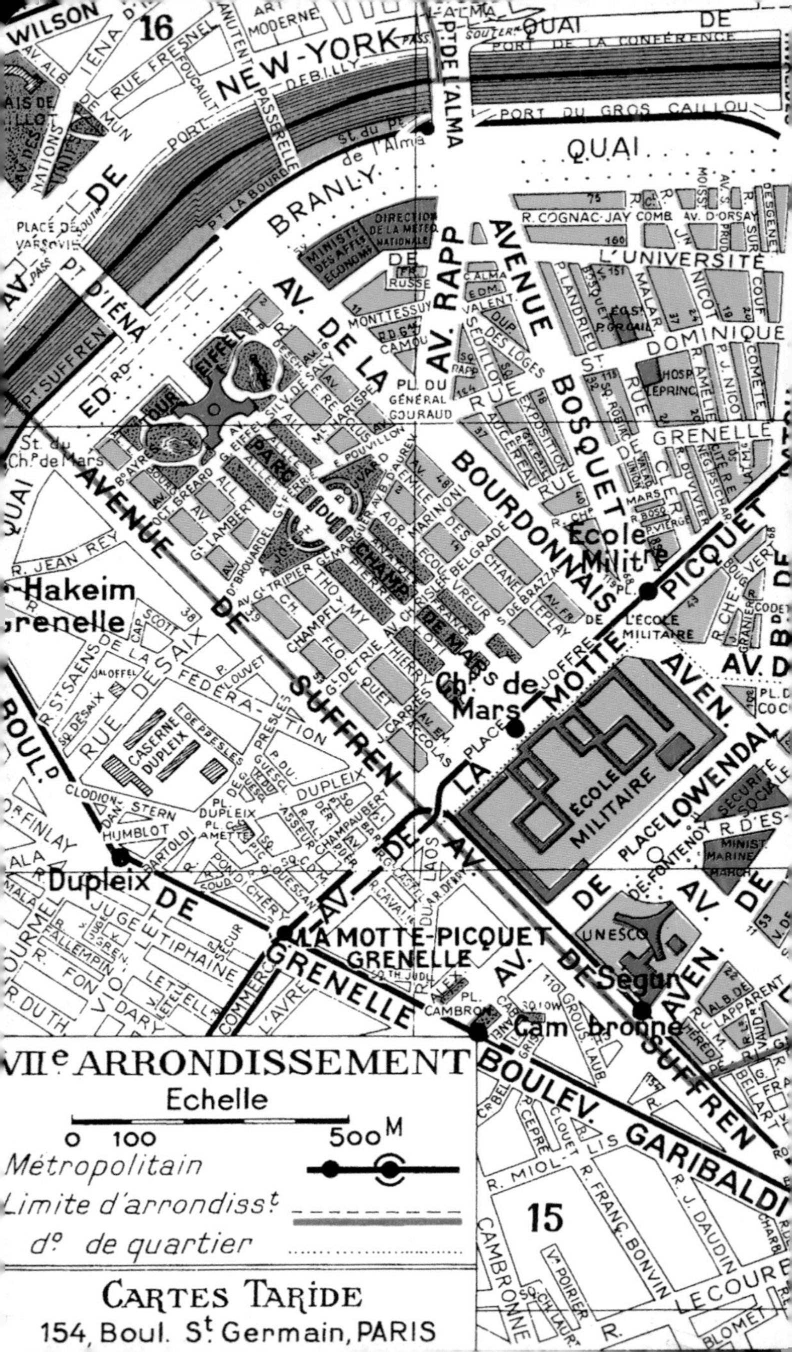
VIIe ARRONDISSEMENT
Echelle
0 100 500 M
Métropolitain
Limite d'arrondissᵗ
dº de quartier
CARTES TARIDE
154, Boul. Sᵗ Germain, PARIS
École Militʳᵉ
Chᵖ de Mars
La Motte-Picquet Grenelle
Dupleix
Cambronne
Ségur
AVENUE DE SUFFREN
AVENUE BOSQUET
AV. RAPP
AV. DE LA BOURDONNAIS
AV. DE LA MOTTE PICQUET
AV. DE LOWENDAL
QUAI BRANLY
AV. DE NEW-YORK
BOULEV. GARIBALDI
BOULᴰ DE GRENELLE
ÉCOLE MILITAIRE
UNESCO
PLACE DE FONTENOY
TOUR EIFFEL
PARC DU CHAMP DE MARS
CASERNE DUPLEIX
16
15

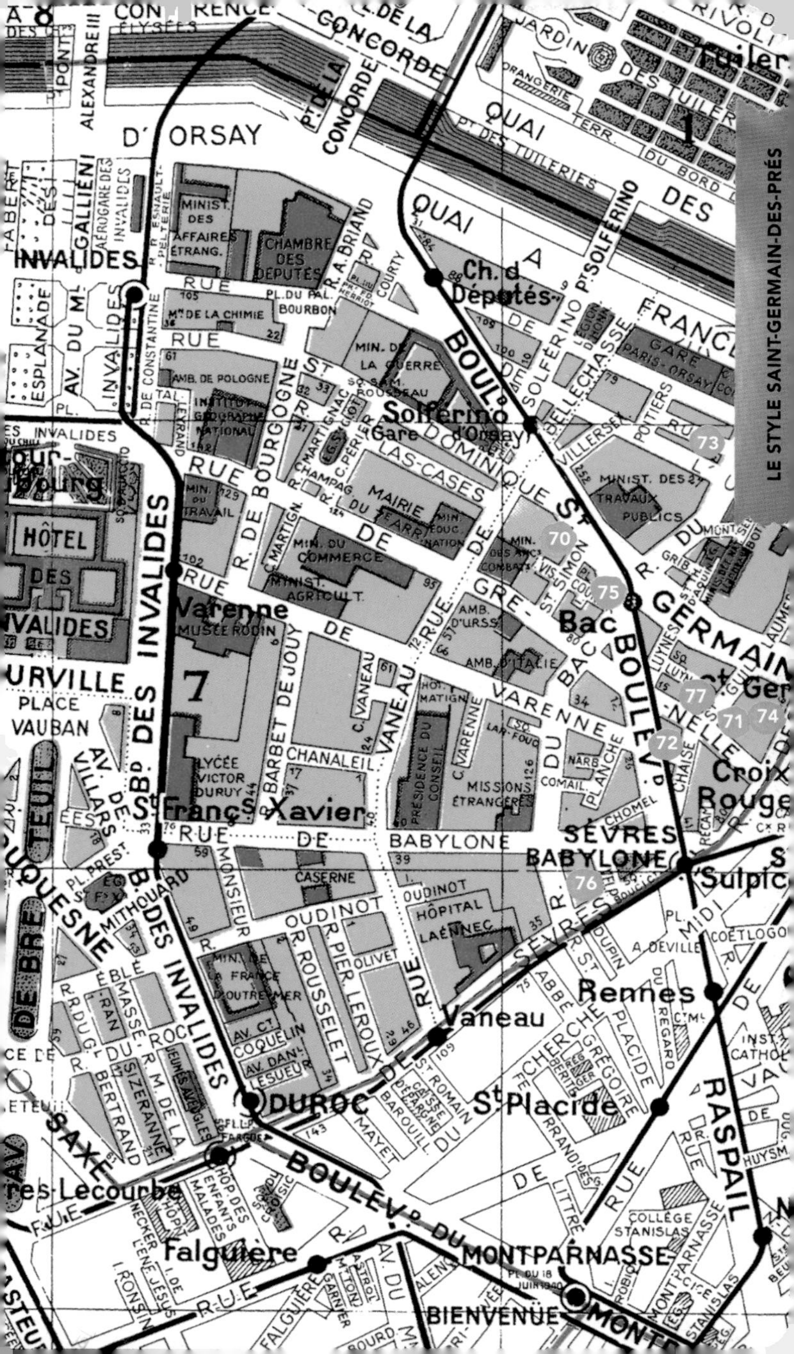

LE STYLE SAINT-GERMAIN-DES-PRÉS
CONCORDE
JARDIN DES TUILERIES
ORANGERIE
QUAI DES TUILERIES
Tuileries
1
ALEXANDRE III
D'ORSAY
AÉROGARE DES INVALIDES
GALLIÉNI
MINIST. DES AFFAIRES ÉTRANG.
CHAMBRE DES DÉPUTÉS
R. A. BRIAND
COURTY
QUAI
Ch. d Députés
PT SOLFÉRINO
DES
INVALIDES
RUE
PL. DU PAL. BOURBON
Mre DE LA CHIMIE
FRANCE
GARE PARIS-ORSAY
ESPLANADE
AV. DU Mal
INVALIDES
RUE
AMB. DE POLOGNE
MIN. DE LA GUERRE
SQ. SAM. ROUSSEAU
BOULd
DE SOLFÉRINO
DE BELLECHASSE
POTIERS
INSTITUT GÉOGRAPHIE NATIONAL
ST
Solférino
(Gare d'Orsay)
DOMINIQUE
LAS-CASES
VILLERSEX.
73
RUE
BOURGOGNE
MIN. DU TRAVAIL
MAIRIE DU 7e ARR.
MIN. ÉDUC. NATION
MINIST. DES TRAVAUX PUBLICS
HÔTEL DES INVALIDES
DE
70
MIN. DU COMMERCE
MINIST. AGRICULT.
MIN. DES ANC. COMBATT.
St SIMON
75
RUE
Varenne
MUSÉE RODIN
DE
GRE-
Bac
R.
GERMAIN
INVALIDES
AMB. D'URSS
AMB. D'ITALIE
URVILLE
7
BARBET DE JOUY
C. VANEAU
VANEAU
RUE
HÔT. MATIGNON
VARENNE
BAC
BOULEVd
77
PLACE VAUBAN
71
74
Gen
DES
CHANALEIL
PRÉSIDENCE DU CONSEIL
MISSIONS ÉTRANGÈRES
DU
72
Croix Rouge
Bd
LYCÉE VICTOR DURUY
St Franc's Xavier
SÈVRES BABYLONE
RUE DE BABYLONE
St Sulpice
MONSIEUR
CASERNE
OUDINOT
HÔPITAL LAËNNEC
76
SÈVRES
MIDI
MITHOUARD
INVALIDES
R. PIER. LEROUX
OLIVET
RUE
A. DEVILLE
COËTLOGON
Bd DES
MIN. DE LA FRANCE D'OUTRE-MER
ROUSSELET
Rennes
DE
AV. Ct COQUELIN
AV. DANL LESUEUR
Vaneau
CHERCHE
GRÉGOIRE
PLACIDE
DU REGARD
INST. CATHOL.
DU ROC
BERTRAND
SIZERANNE
JEUNES AVEUGLES
DUROC
St Placide
RASPAIL
SAXE
BOULEVd
MAYET
BAROUILL
St ROMAIN
DE
RUE
Ves Lecourbe
HOP. DES ENFANTS MALADES
NECKER
DE LITTRÉ
COLLÈGE STANISLAS
Falguière
MONTPARNASSE
DU
PL. DU 18 JUIN 1940
BIENVENÜE
MONTPARNASSE
RUE
FALGUIÈRE
AV. DU
STANISLAS

Simone

1, rue de Saint-Simon, VIIe
Tél. 01 42 22 81 40 — www.simoneruesaintsimon.com

Pourquoi y aller ? Comme j'avais totalement oublié de mettre cette adresse mode dans la première édition de la *Parisienne*, je m'en suis tellement rongé les ongles que je n'en ai plus. Du coup, je suis heureuse de pouvoir en parler dans ce guide, car c'est vraiment une adresse incontournable qui est hors des sentiers battus. Si on ne vous l'indique pas, vous ne la trouverez pas. La propriétaire, qui ne s'appelle pas Simone, est une très bonne acheteuse qui déniche des marques que vous ne trouverez pas ailleurs. Elle est aussi un génie pour choisir des bonnes impressions. C'est raffiné et joyeux.

Le must-have Les maillots de Laura Urbinati. Je les adore. En fait, tout est must-have, les griffes changent souvent, donc il est bien de revenir régulièrement.

À dire pour jouer la Parisienne

« Quand j'ai envie d'un pull vert fluo, je sais que c'est là que je vais le trouver. Malheureusement, cette couleur ne me donne pas bonne mine, mais dans mon placard, c'est très gai. »

INES DE LA FRESSANGE
PARIS
24

Ines de la Fressange Paris

24, rue de Grenelle, VIIe
Tél. 01 45 48 19 06 — www.inesdelafressange.fr

Pourquoi y aller ? S'il ne fallait garder qu'une boutique dans ce guide, ce serait celle-ci... Euh pas du tout parce que c'est là qu'on trouve mes créations, mais surtout parce que c'est là qu'on peut aussi bien acheter un sac en cuir chic qu'un porte-brosse à dents. C'est une sorte de droguerie-quincaillerie.

Le must-have Difficile de faire un choix. Je serais tentée de vous dire « tout » ;-). Il y a aussi bien de la mode (certaines pièces sont en très petites séries) que des bijoux, des chaussures, des lunettes de soleil, des cahiers, mais aussi plein de déco pour la maison. Et même des balais ! Une chose est sûre : des gens traversent tout Paris pour se fournir en huile d'olive vendue dans la boutique.

À dire pour jouer la Parisienne

« J'y suis allée pour chercher un taille-crayon et puis j'ai commandé une robe longue à l'atelier. »

Noro

4-6, rue de Varenne, VIIe
Tél. 01 45 49 19 88 — www.noroparis.com

Pourquoi y aller ? De temps en temps, on a envie de grandes marques très connues. Et parfois, de petites marques qui restent discrètes comme Noro qui a pour slogan « Poetic, discreet but precious » [Poétique, discrète mais précieuse]. Il y a des vêtements pour bébés, femmes et enfants. On trouve aussi d'autres marques. Comme la veste ethnique-chic signée Pero.

Le must-have Le livre pour créer des vêtements de cérémonies aux enfants de 2 à 8 ans. Il est édité chez Flammarion, il doit être bien...

À dire pour jouer la Parisienne

« Viens, on va chez Ines de la Fressange, c'est tout près. »

Romain Réa

26, rue du Bac, VIIe
Tél. 01 42 61 43 44 — www.romainrea.com

Pourquoi y aller ? Parce qu'il y a un moment donné où il faut faire un cadeau à son mec. Et que les hommes n'ont jamais trop de montres. Chez Romain Réa, un expert horloger (notamment pour la maison de ventes Artcurial) très respecté, on trouve toujours des raretés, des trésors de montres anciennes comme en raffolent les hommes. Toutes les bonnes griffes sont représentées, de Rolex à Jaeger-Lecoultre en passant par Patek Philippe, Audemars Piguet ou Bell & Ross.
→ **Le must-have** La montre qui ne se trouve plus dans le commerce mais dans la boutique de Romain Réa est forcément un must-have.

À dire pour jouer la Parisienne
« Tu savais que Romain Réa avait été le "costumier du poignet" de Robert de Niro ? Il lui conseillait quelle montre porter pour quel rôle. »

StONE
PARIS

Stone Paris

60, rue des Saints-Pères, VIIe
Tél. 01 42 22 24 24 — www.stoneparis.com

Pourquoi y aller ? Si l'un de mes lecteurs – un peu riche – souhaite m'offrir un bracelet tout fin en diamants, je lui simplifie la vie en lui disant qu'il suffit de se rendre chez Stone. Et si un fiancé veut offrir une pierre, c'est ici l'assurance que cela ne fera pas « too much ». La créatrice Marie Poniatowski travaille aussi régulièrement avec Bonpoint pour faire des bijoux pour enfants.

→ **Le must-have** Tous les bracelets fins avec petits diamants. Et tout le reste...

À dire pour jouer la Parisienne

« Il faut porter ces diamants discrets avec du denim. Cool chic assuré. »

Lao Tseu

209, bd Saint-Germain, VIIe
Tél. 01 45 48 30 06

Pourquoi y aller ? Mon ami l'avocat Georges Kiejman dit que c'est le meilleur chinois de Paris. Il faut toutefois noter que son bureau n'est pas loin. D'ailleurs, il faut savoir qu'à Paris, tout le monde a le meilleur boulanger au coin de sa rue !
→ **Quel plat commander ?** Le menu vapeur, pas très cher et très bon.

À dire pour jouer la Parisienne
« C'est le repaire des éditeurs. Si vous êtes écrivain, mieux vaut aller déjeuner là qu'envoyer un manuscrit. »

Les incontournables d'Ines

76 Le Bon Marché

Le grand magasin avec le plus d'exclusivités

24, rue de Sèvres, VIIe
Tél. 01 44 39 80 00
www.lebonmarche.com

77 Emmanuelle Zysman

Les bijoux charmants

33, rue de Grenelle, VIIe
Tél. 01 42 22 05 57
www.emmanuellezysman.fr

VIIIe
ARRONDISSEMENT

Le chic près des Champs

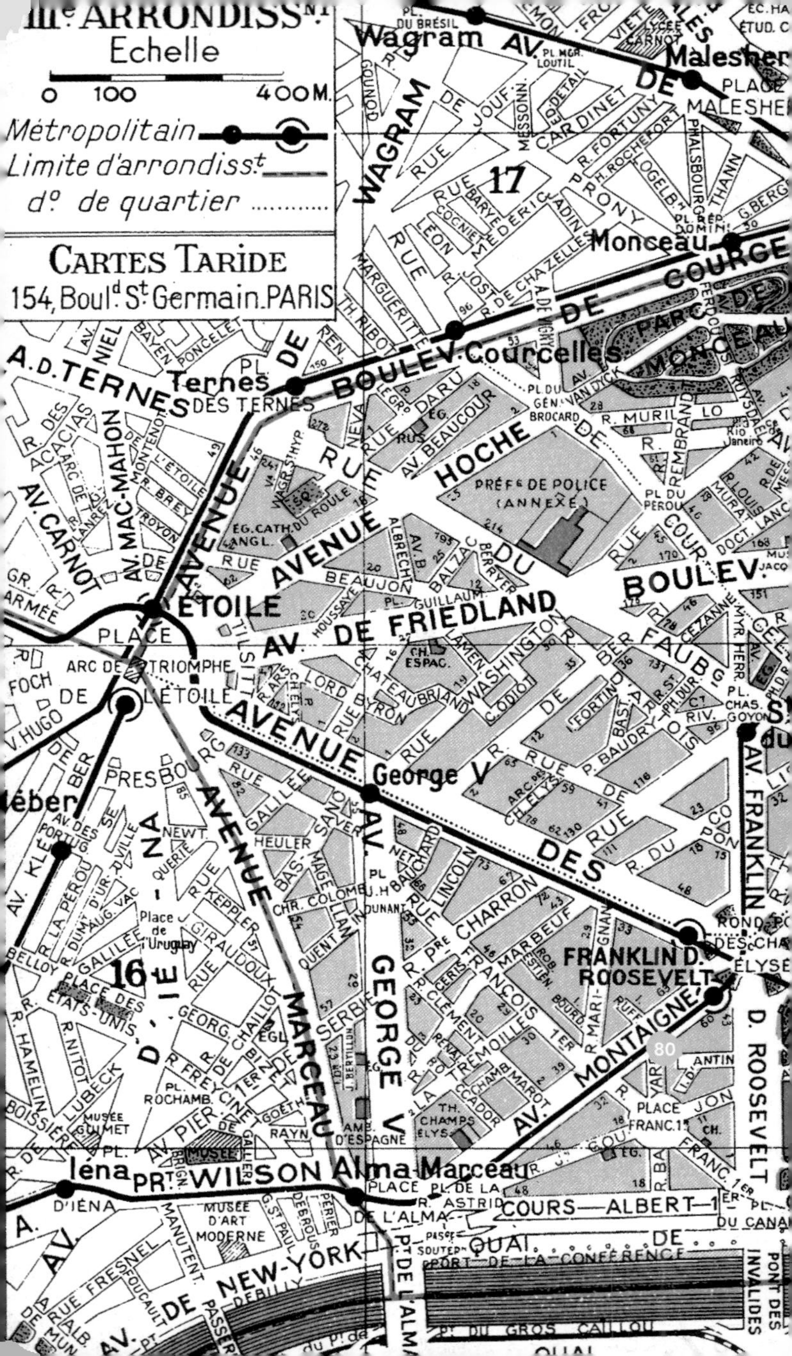
VIIIe ARRONDISSt
Echelle
0 100 400 M.
Métropolitain
Limite d'arrondisst
do de quartier
CARTES TARIDE
154, Bould St Germain. PARIS
Wagram
AV. DE WAGRAM
PL. DU BRÉSIL
Malesherbes
PLACE DE MALESHERBES
LYCÉE CARNOT
RUE JOUFFROY
RUE CARDINET
R. FORTUNY
PRONY
PHALSBOURG
17
RUE MÉDÉRIC
R. JOST
R. DE CHAZELLES
Monceau
BOULEV. DE COURCELLES
Courcelles
PARC DE MONCEAU
Ternes
PL. DES TERNES
A. D. TERNES
R. DES ACACIAS
AV. CARNOT
AV. MAC-MAHON
AVENUE DE WAGRAM
RUE DARU
AV. BEAUCOUR
AVENUE HOCHE
PRÉFre DE POLICE (ANNEXE)
AV. VAN DYCK
R. MURILLO
R. REMBRANDT
PL. DU PÉROU
RUE DU FAUB. ST HONORÉ
BOULEV. HAUSSMANN
RUE BEAUJON
RUE BALZAC
ÉTOILE
PLACE ARC DE TRIOMPHE DE L'ÉTOILE
AV. DE FRIEDLAND
AV. FOCH
AV. V. HUGO
R. DE TILSITT
RUE LORD BYRON
R. CHATEAUBRIAND
R. WASHINGTON
R. DE BERRI
AVENUE DES CHAMPS-ÉLYSÉES
George V
RUE DE PRESBOURG
Kléber
AVENUE D'IÉNA
AVENUE MARCEAU
RUE GALILÉE
RUE LINCOLN
RUE MARBEUF
RUE CHARRON
AV. GEORGE V
FRANKLIN D. ROOSEVELT
AV. FRANKLIN D. ROOSEVELT
AV. MONTAIGNE
RUE FRANÇOIS 1ER
PLACE FRANÇ. 1ER
Place de l'Uruguay
16
PLACE DES ÉTATS-UNIS
R. DE CHAILLOT
MUSÉE GUIMET
Iéna
PRT WILSON
Alma-Marceau
PLACE DE L'ALMA
COURS ALBERT 1ER
MUSÉE D'ART MODERNE
AV. DE NEW-YORK
QUAI D'ORSAY
PORT DE LA CONFÉRENCE
PONT DES INVALIDES
PT DE L'ALMA
80

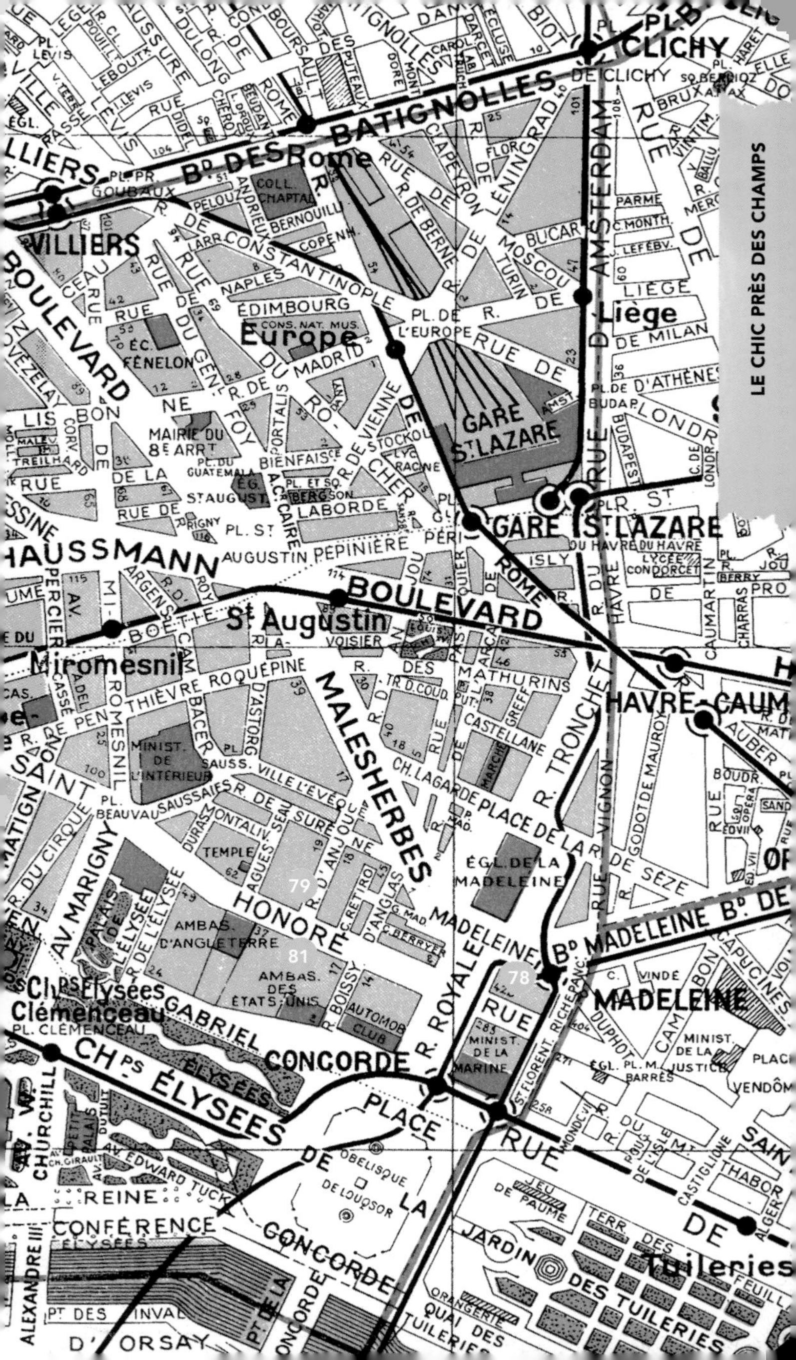
PL. CLICHY
Bd DES BATIGNOLLES
Rome
VILLIERS
COLL. CHAPTAL
RUE DE CONSTANTINOPLE
RUE DE LENINGRAD
RUE D'AMSTERDAM
R. DE MOSCOU
R. DE TURIN
R. DE BERNE
RUE DE ROME
BOULEVARD MALESHERBES
RUE DE NAPLES
ÉDIMBOURG
CONS. NAT. MUS.
Europe
PL. DE L'EUROPE
Liège
RUE DE LIÈGE
DE MILAN
PL. DE D'ATHÈNES
RUE DE MADRID
ÉC. FÉNELON
MAIRIE DU 8E ARRT
PL. DU GUATEMALA
ÉG. St AUGUST.
LYC. RACINE
GARE St LAZARE
GARE St LAZARE
LYCÉE CONDORCET
RUE DE LONDRES
HAUSSMANN
AUGUSTIN PÉPINIÈRE
St Augustin
BOULEVARD
Miromesnil
HAVRE-CAUM
RUE TRONCHET
R. DES MATHURINS
CASTELLANE
MARCHÉ
MINIST. DE L'INTÉRIEUR
PL. BEAUVAU
RUE ROQUÉPINE
PLACE DE LA MADELEINE
ÉGL. DE LA MADELEINE
RUE VIGNON
R. GODOT DE MAUROY
RUE CAUMARTIN
RUE DE SÈZE
Bd MADELEINE
Bd DES CAPUCINES
MADELEINE
OPÉRA
HONORÉ
AMBAS. D'ANGLETERRE
AMBAS. DES ÉTATS-UNIS
AUTOMOB. CLUB
PALAIS DE L'ÉLYSÉE
AV. MARIGNY
Ch ps Élysées Clémenceau
PL. CLÉMENCEAU
GABRIEL
CONCORDE
R. ROYALE
MINIST. DE LA MARINE
MINIST. DE LA JUSTICE
PL. VENDÔME
CH ps ÉLYSÉES
PLACE DE LA CONCORDE
OBÉLISQUE DE LOUQSOR
RUE DE RIVOLI
JEU DE PAUME
TERR. DES FEUILLANTS
JARDIN DES TUILERIES
Tuileries
ORANGERIE
QUAI DES TUILERIES
PETIT PALAIS
AV. W. CHURCHILL
AV. EDWARD TUCK
REINE
CONFÉRENCE
PT DES INVALIDES
PT DE LA CONCORDE
ALEXANDRE III
D'ORSAY
78
79
81

Margaret Howell

6, place de la Madeleine, VIIIe
Tél. 01 42 61 90 00 — www.margarethowell.fr

Pourquoi y aller ? C'est une marque qui pourrait être la définition du classique-chic. On va y trouver tout ce qui peut faire un look épuré ou calmer des pièces trop voyantes. C'est un brin androgyne. Un pantalon à pont bleu marine, une chemise toute simple bleu ciel, un pull à col roulé crème... dit comme cela, ce n'est pas très rigolo, mais c'est vraiment une adresse à connaître. Attention, ce ne sont pas des petits prix.

Le must-have Un pull oversized en cachemire ou une marinière en jersey.

À dire pour jouer la Parisienne

« Il paraît que même Phoebe Philo, la directrice artistique de Céline, s'habille en Margaret Howell. »

Philippine Janssens

3-5, rue d'Anjou, VIIIe
Tél. 01 42 65 43 90 — www.philippinejanssens.com
Uniquement sur rendez-vous

Pourquoi y aller ? Ne nous dites pas que vous avez trouvé le pantalon parfait, on n'y arrive jamais vraiment. À moins d'aller chez Philippine qui est la première marque entièrement consacrée au pantalon pour femmes sur mesure. On fait le pantalon pour vous. Il vous va forcément.

→ **Le must-have** Votre pantalon.

À dire pour jouer la Parisienne

« La taille mannequin, ça ne veut rien dire. Je connais plein de mannequins qui vont se faire faire des pantalons chez Philippine. »

Hanawa

26, rue Bayard, VIIIe
Tél. 01 56 62 70 70 — www.hanawa.fr

Pourquoi y aller ? Si on veut voir le Tout-Paris des médias, du cinéma et de la chanson. Mais aussi le Tout-Hollywood qui a bien capté l'intérêt de cette adresse. Moi j'y vais surtout pour le bœuf au gingembre. Hanawa est à la rue Bayard ce que Christian Dior est à l'avenue Montaigne. Ce restaurant a aussi la réputation d'être le meilleur japonais d'Europe.

Quel plat commander ? Un bento, histoire de tout avoir en même temps.

À dire pour jouer la Parisienne

« Tu as dit bonjour à Demi Moore ? Elle était au fond avec Salma Hayek. »

Les incontournables d'Ines

81 Roger Vivier

La griffe de luxe où j'ai mon bureau

29, rue du Faubourg-Saint-Honoré, VIIIᵉ
Tél. 01 53 43 00 85
www.rogervivier.com

IXe, X^{e} ET XIe ARRONDISSEMENTS

La bobo attitude

Bd. DE
CLICHY
PLACE BLANCHE
Blanche
PLACE PIGALLE
PIGALLE
PL. DE CLICHY
CLICHY
LYCÉE J. FERRY
SQ. BERLIOZ
AD. MAX
R. BIOT
R. DES BATIGNOLLES
R. DE LENINGRAD
RUE D'AMSTERDAM
Liège
R. DE LIÈGE
RUE DE CLICHY
RUE BLANCHE
R. DE BRUXELLES
R. DE CALAIS
R. DE DOUAI
R. DUPERRÉ
R. FONTAINE
R. MANSART
R. BALLU
R. VINTIMILLE
R. CHAPTAL
R. PIGALLE
PL. ESCUDIER
R. MONCEY
SQ. MONCEY
R. CL. MERCIER
R. DE PARME
C. MONTH.
J. LEFEBVRE
R. DE MOSCOU
R. DE TURIN
R. DE BUCAREST
R. DE FLORENCE
R. DE LA BRUYÈRE
SQ. LA BRUYÈRE
POMPIERS
TH. PIGALLE
R. TOUR DES DAMES
R. LA ROCHEFOUCAULD
R. N.-DAME DE LORETTE
PL. St GEORGES
St Georges
R. D'AUMALE
SQ. D'ORLÉANS
R. VICTOR MASSÉ
R. H. MONNIER
R. CLAUZEL
R. DE NAVARIN
87
82
83
84
85
18
APOLLO
CASINO DE PARIS
R. DE MILAN
R. D'ATHÈNES
PL. DE BUDAPEST
R. DE LONDRES
ÉGL. TRINITÉ
SQ.
PL. EST.NE D'ORVES
RUE ST LAZARE
Trinité d'Est. d'Orves
N.D de Lorette
GARE St LAZARE
GARE
St LAZARE
R. DE ROME
R. DE L'ISLY
R. DU HAVRE
LYCÉE CONDORCET
St L. D'ANTIN
RUE JOUBERT
G. BERRY
RUE DE PROVENCE
R. CAUMARTIN
R. MOGADOR
R. CHARRAS
R. DE LA CHAUSSÉE D'ANTIN
RUE DE CHÂTEAUDUN
R. TAITBOUT
RUE LA FAYETTE
R. PILLET-WILL
RUE DE LA VICTOIRE
R. St GEORGES
HAUSSMANN
Bd. HAUSSMANN
CHÉE D'ANTIN
HAVRE - CAUMARTIN
PL. AD. GOUDIN
MATHURINS
R. TRONCHET
R. DE CASTELLANE
R. VIGNON
R. GODOT DE MAUROY
R. AUBER
R. SCRIBE
PL. DIAGHILEV
R. GLUCK
OPÉRA
R. HALÉVY
R. MEYERBEER
R. DU HELDER
R. TAITBOUT
RICHELIEU DROUOT
PL. CH. GARNIER
BOUDREAU
S. OPÉRA L. JOUVET
ED. VII
TH. CAUMART.
PL. DE L'OPÉRA
OPÉRA
Bd. DES ITALIENS
Bd. DES CAPUCINES
Bd. MADELEINE
PLACE DE LA MADELEINE
ÉGL. DE LA MADELEINE
R. DE SÈZE
OLYMPIA
R. DE LA PAIX
AV. DE L'OPÉRA
R. DAUNOU
R. VOLNEY
R. DES CAPUCINES
R. LOUIS LE GRAND
R. DE CHOISEUL
R. DE HANOVRE
R. St AUGUSTIN
R. DE GRAMONT
4 Septembre
MADELEINE
1
R. ST HONORÉ
R. CAMBON
R. DUPHOT
CITÉ VINDÉ
D. CASANOVA
R. GAILLON
R. MONSIGNY
LOUVOIS
R. MARIVAUX

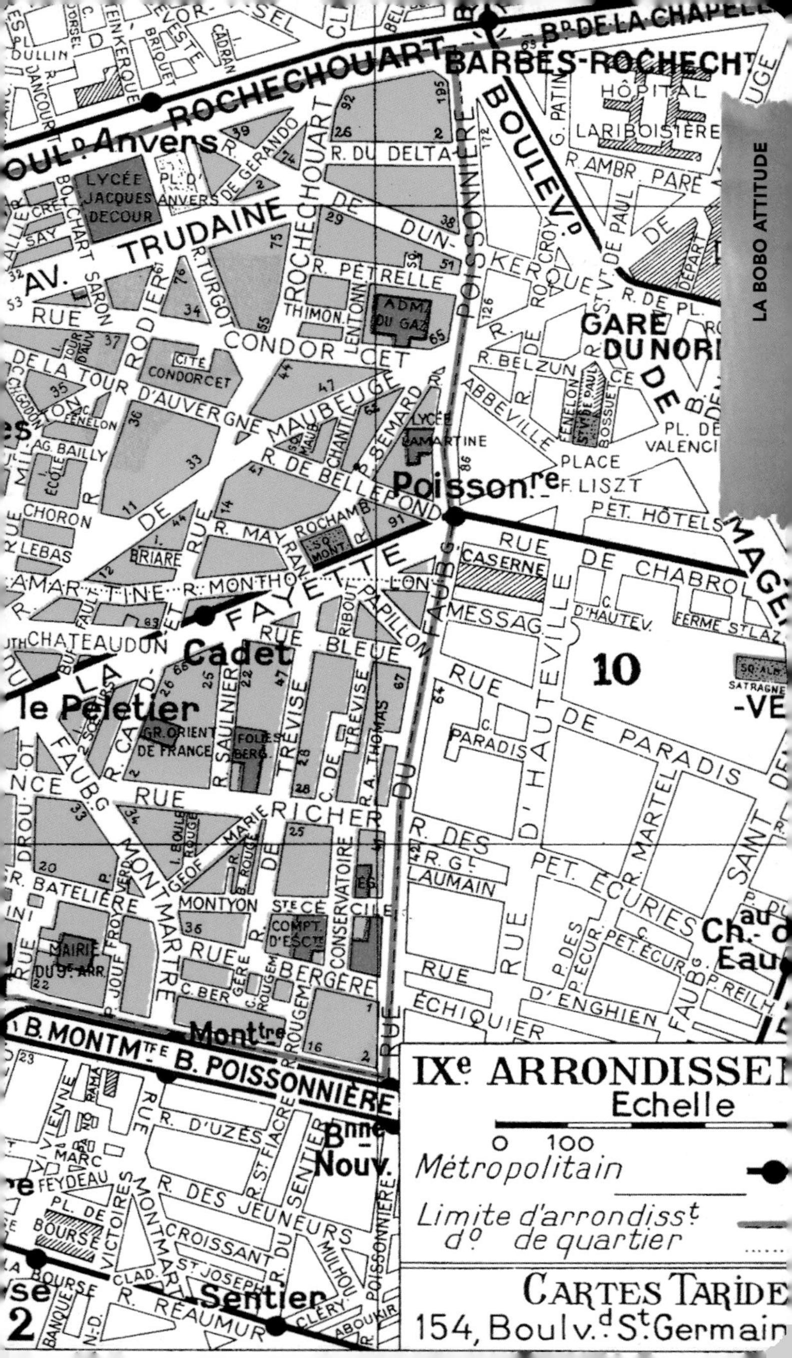

IXe. ARRONDISSE
Echelle
0 100
Métropolitain
Limite d'arrondisst
do. de quartier
CARTES TARIDE
154, Boulv.d St. Germain
LA BOBO ATTITUDE
BD. DE LA CHAPELLE
BARBÈS-ROCHECHT
ROCHECHOUART
BOUL.D Anvers
LYCÉE JACQUES DECOUR
PL. D'ANVERS
AV. TRUDAINE
HÔPITAL LARIBOISIÈRE
R. AMBR. PARÉ
R. DU DELTA
R. DE DUNKERQUE
R. PÉTRELLE
ADM. DU GAZ
GARE DU NORD
R. BELZUN
ABBEVILLE
CONDORCET
CITÉ CONDORCET
RUE DE LA TOUR D'AUVERGNE
MAUBEUGE
LYCÉE LAMARTINE
Poissonre
PLACE F. LISZT
PL. DE VALENCI
PET. HÔTELS
R. DE BELLEFOND
R. MAYRAN
ROCHAMB.
BRIARE
CHORON
LEBAS
LAMARTINE
R. MONTHOLON
FAYETTE
CASERNE
RUE DE CHABROL
MESSAG.
C. D'HAUTEV.
FERME ST. LAZ.
CHATEAUDUN
Cadet
RUE BLEUE
PAPILLON
10
RUE DE PARADIS
C. PARADIS
Le Peletier
GR. ORIENT DE FRANCE
FOLIES BERG.
R. SAULNIER
TRÉVISE
R. CADET
R. A. THOMAS
FAUBG. POISSONNIÈRE
RUE D'HAUTEVILLE
RUE RICHER
R. BLEUE
FAUBG. MONTMARTRE
R. BATELIÈRE
MONTYON
STE. CÉCILE
COMPT. D'ESCTE.
CONSERVATOIRE
RUE BERGÈRE
MAIRIE DU 9E. ARR.
R. DES PET. ÉCURIES
R. GL. LAUMAIN
R. MARTEL
RUE D'ENGHIEN
ÉCHIQUIER
Ch.-d'Eau
B. MONTMTRE
B. POISSONNIÈRE
Montre
Bnne. Nouv.
R. D'UZÈS
R. ST. FIACRE
R. DES JEUNEURS
CROISSANT
PL. DE BOURSE
VIVIENNE
FEYDEAU
VICTOIRES
SENTIER
Sentier
R. RÉAUMUR
CLÉRY
ABOUKIR
R. POISSONNIÈRE

Myrtille Beck

30, rue Henry-Monnier, IXe
Tél. 01 40 23 99 84 — www.myrtillebeck.com

Pourquoi y aller ? C'est une jolie échoppe où tous les bijoux sont très poétiques et rock à la fois. On dit « il me le faut » à chaque fois qu'on découvre une création de Myrtille Beck. Mais on peut aussi y aller pour l'atelier de réparation et transformation de bijoux.

Le must-have Les bagues de la collection Amour Céleste sont prêtes à être portées tout de suite. Même si on n'a pas l'intention de se marier.

À dire pour jouer la Parisienne

« C'est horrible, Myrtille Beck a un e-shop... Il faut que je résilie mon abonnement internet, sinon, je vais commander des bijoux toute la nuit ! »

Sept Cinq

54, rue Notre-Dame-de-Lorette, IXe
Tél. 09 83 55 05 95 — www.sept-cinq.com

Pourquoi y aller ? C'est un petit concept-store dont 100 % des créateurs sont parisiens. Mode, objets, art de vivre, culture et salon de thé, c'est du concentré de la capitale mise en scène par deux Parisiennes sympathiques.

Le must-have Les bagues griffées Ringo, la montre Charlie Watch, le bloc-notes de Season Paper, tout est super joli.

À dire pour jouer la Parisienne *« Ça n'était pas dans* La Parisienne*, normal, la boutique a ouvert bien après la sortie du livre. »*

Sugar Daze

20, rue Henry-Monnier, IXe
Tél. 09 83 04 41 77 — www.sugardazecupcakes.com

Pourquoi y aller ? On dit souvent que la tendance des cupcakes est terminée. Mais moi les modes en cuisine, c'est comme les modes en mode, ça ne me concerne pas. L'important, c'est d'avoir du style. Et le style cupcakes, ça me va toujours bien au teint. On peut commander des gâteaux pour les anniversaires. Stylés, bien sûr.

→ **Quel plat commander ?** Des cupcakes, évidemment. Mais pas seulement : les brownies avec smarties valent vraiment les kilos en trop.

À dire pour jouer la Parisienne

« Pour mon anniversaire, j'aimerais un gâteau en motif léopard. »

FROMAGE

Causses

55, rue Notre-Dame-de-Lorette, IXe
Tél. 01 53 16 10 10 — www.causses.org

Pourquoi y aller ? On aimerait qu'il y ait plus d'endroits comme cela dans Paris qui font penser à l'épicerie new-yorkaise Dean & Deluca. Ici, tout est sain, savoureux et simple : des soupes, des salades et sandwichs vraiment délicieux.

Quel plat commander ? Il faut surtout faire ses emplettes à la boutique d'alimentation générale. Les produits sont incroyables. Parfois, un bon fromage peut faire un dîner.

À dire pour jouer la Parisienne
« C'est à South Pigalle. »

La Maison Mère

4, rue de Navarin, IXe
Tél. 01 42 81 11 00 — www.lamaisonmere.fr

86

Pourquoi y aller ? C'est un resto hyper sympa qui a de la nourriture rassurante. Carrelage blanc, meubles vintage, lampe en chapeau melon, on ne se prend pas la tête. L'endroit parfait pour faire une pause shopping. Et le dimanche, leur brunch est top.

Quel plat commander ? Cheeseburger, bagel au saumon, fish & chips ou cheesecake, vous voyez le genre.

À dire pour jouer la Parisienne

« Leur Comté du Jura est excellent. Tout comme leurs assiettes de fruits de saison. »

Musée de la vie romantique

16, rue Chaptal, IXe
Tél. 01 55 31 95 67

Pourquoi y aller ? Il n'y a pas que le Louvre à Paris. Il y a aussi ce musée hyper joli où on a l'impression que George Sand et Chopin vont apparaître d'une minute à l'autre.

→ **À savoir** Dans les salons du rez-de-chaussée, on trouve de nombreuses pièces de mobilier, des sculptures, des objets d'arts et des bijoux ayant appartenu à George Sand.

À dire pour jouer la Parisienne

« Ah bon ? Il y a des tableaux à voir ? J'ai passé ma journée dans le jardin. C'était vraiment agréable. »

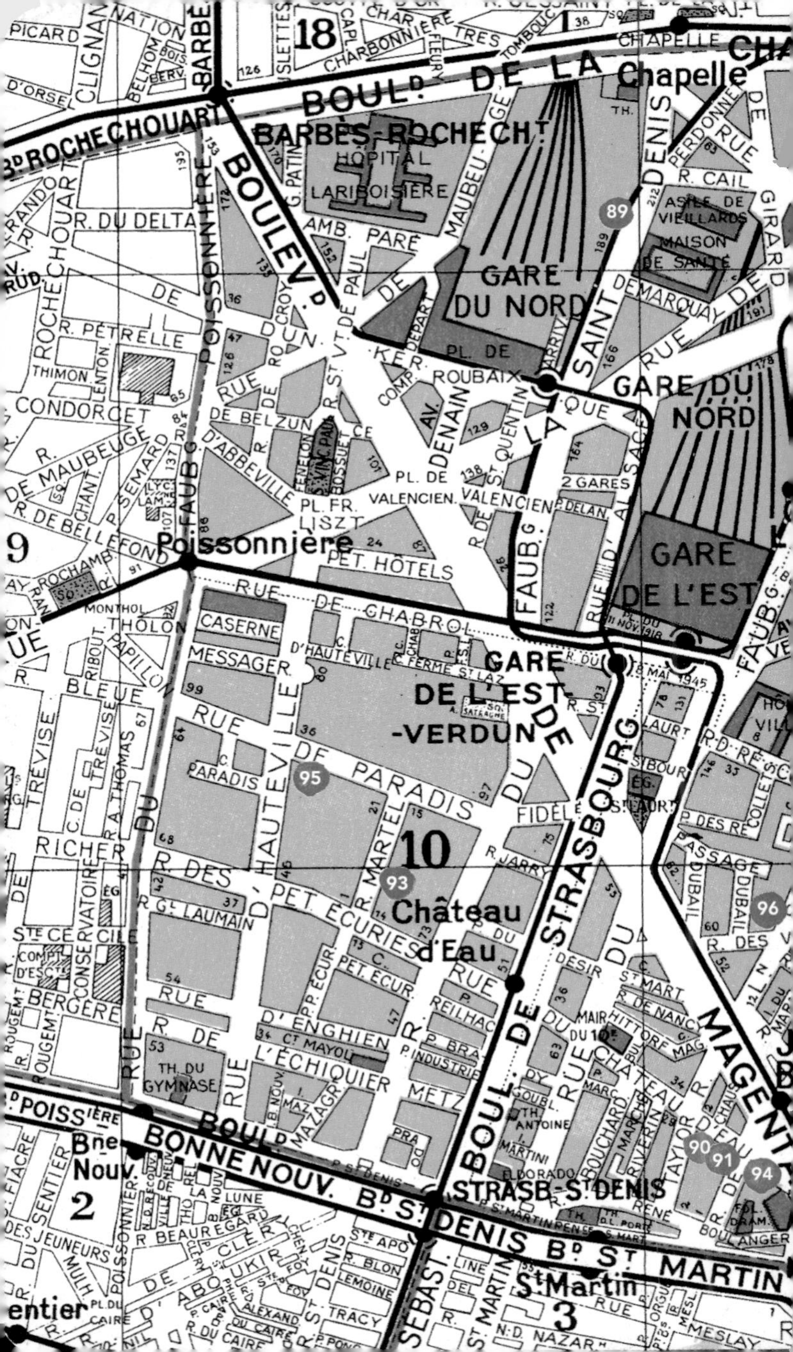

18
BOUL^D DE LA Chapelle
B^D ROCHECHOUART
BARBÈS-ROCHECH^T
HÔPITAL LARIBOISIÈRE
BOULEV^D
GARE DU NORD
GARE DU NORD
GARE DE L'EST
Poissonnière
RUE DE CHABROL
CASERNE
GARE DE L'EST-VERDUN
RUE DE PARADIS
10
Château d'Eau
BOUL^D DE STRASBOURG
MAGENTA
BOUL^D BONNE NOUV.
B^D S^T DENIS
B^D S^T MARTIN
STRASB-S^T DENIS
St Martin
B^ne Nouv.
2
3
9
SEBAST.
TH. DU GYMNASE
FAUB^G POISSONNIÈRE
RUE D'HAUTEVILLE
R. DES PET. ÉCURIES
RUE DE L'ÉCHIQUIER
RUE BERGÈRE
CONSERVATOIRE
RUE DU CHÂTEAU D'EAU
FAUB^G S^T DENIS
RUE LA FAYETTE
R. DE MAUBEUGE
CONDORCET
PL. FR. LISZT
PL. DE VALENCIEN.
PL. DE ROUBAIX
AV. DE DENAIN
ST. VINC. PAUL
PL. DU 11 NOV. 1918
R. DU 8 MAI 1945
MAIR DU 10^E

Xe ARRONDISS
Echelle
0 100 500
Métropolitain
Limite d'arrondisst
do de quartier
CARTES TA
154 Boulvd St Gern

LA BOBO ATTITUDE

BOUL.
J. JAURÈS
AV. DE STALINGRAD
PLACE
LOUIS-BLANC
FAYETTE
FBG ST MARTIN
L'AQUEDUC
CHAUDRON
LANDON
BARTH
VALMY
JEMMAPES
MARTIN
ALEX. PARODI
P. DUPONT
DELESSt
EUG. VARLIN
BLANCHE
SQ. FALK
BLANC
CITÉ ARTISANALE CLÉMENTEL
PLACE DU COLONEL FABIEN
Colel Fabien
AV. DE LA VILLETTE
C. HÉNAIN
C. LEPAGE
CHAUMONT
BRIE
R. DE MEAUX
RUE SADI LECOINTE
P. FOURS A CHAUX
C. NORTIER
BOUCHET
PAS. MASLIER
PUEBLA
AV. SECRÉTAN
H. MURGER
C. HIVER
ED. PAILLERON
Bolivar
19
AVEN. MATH. MOREAU
FON ROTSCHILD
Buttes Chaumont
CHAUFOURNIERS
R. GEORGES LARDENNOIS
PH. HECHT
GOURMT
BAR. RICOU
SIMON BOLIVAR
RUE
R. MONTJOL
TUROT
BURNOUF
FÉGR
ÉC. DIDEROT
C. STEMLER
C. ST CHAUMONT
R. DE L'ATLAS
R. LAUZUN
RUELLE LAUZUN
PUITS
I. DU
R. RD DU
RUE PAS. ROSZNER
R. VINCENT
BEREVAL FAUCHEUR
QUAI DE JEMMAPES
QUAI DE VALMY
CANAL ST MARTIN
ÉCLUS. St MARTIN
C. JACOB
CH. ROBIN
BELLES
VELLEFAUX
VICQ D'AZIR
I. CHAUSSON
R. HOPl ST LOUIS
LAGRANGE AUX BELLES
C. HÉRON
R. JULIETTE DODU
CL. VELLEFAUX
SAMBRE
J. MOINON
FEUILLARD
MEUSE
R. STE MARTHE
R. DU CHALET
PAS. HÉBRARD
BUISSON ST LOUIS
CIVIALE
GR. DE DIEU
HÔPITAL ST LOUIS
R. BICHAT
AV. RICHERAND
FOURNIER
ALF.
MAR. ET LOUISE
ALIBERT
GROUSSIER
R. A.
AVENUE PARMENTIER
R. DU BUISS. ST LOUIS
VEL-TESS.
R. J. LOUVEL-TESSON
R. D'AIX
C. DES BRETONS
RUE SAINT MAUR
BELLEVILLE
BOUL. DE BELLEVILLE
R. DE BELLEVILLE
RUE DU TEMPLE
FAUB. DU TEMPLE
PRÉSENTATION
R. R. HOUDIN
R. J. VERNE
PAS. PIVER
I. PIV.
L. BONNET
R. DE L'ORILLON
VAUCOULEURS
R. DU MOULIN JOLY
MORAND
R. TIMBAUD
RUE DE LA FONTAINE AU ROI
11
GONCOURT
CHEV.
R. DARBOY
DE GUERRY
RABAUD
AUG. BARBIER
R. DE LA PIER. LEVÉE
FOL. MÉRICT.
Bd J. FERRY
MALTE
Goncourt
QUAI DE VALMY
R. BEAUREPAIRE
R. DIEU
YVES TOUDIC
R. DE LA DOUANE
HÔT. DES DOUANES
SQ. F. LEMAITRE
CASne
RÉPUBLIQUE
MARSEILLE
POULMCH
LANCRY
92
88
Bonsergent
RUE

Centre Commercial

2, rue de Marseille, X^e^
Tél. 01 42 02 26 08 — www.centrecommercial.com

Pourquoi y aller ? Dès que j'ai un moment de libre, je suis tentée d'y aller. C'est la marque qui commence à gagner beaucoup de terrain. Cela avait commencé avec les adultes. Maintenant, même les enfants ont leur adresse (22, rue Yves-Toudic, Xe). Les hommes y trouveront toute la panoplie pour hipster chic. Côte femmes, il y a des trucs hyper branchés (la combi-short par exemple), mais aussi des classiques du look trendy (les chapeaux Larose).

→ **Le must-have** Un sweat pour hommes griffé AMI, Alexandre Mattiussi. Celui imprimé Premier baiser. La boutique AMI est juste à côté de la mienne rue de Grenelle, ça mérite un peu de complicité.

À dire pour jouer la Parisienne

« Quand vont-ils s'installer Rive gauche ? »

Asian Fashion

193, rue du Faubourg-Saint-Denis, X^e^
Tél. 01 40 34 92 72
Autre adresse de vêtements identiques : **Sumangaly Tex**
201, rue du Faubourg-Saint-Denis, X^e^
Tél. 00 40 36 85 03

Pourquoi y aller ? Imaginez que vous avez une fête déguisée sur le thème de l'Inde et que vous n'avez rien à vous mettre, c'est donc là qu'il faut aller. Et puis, on peut y aller même si on n'a pas de fête, car c'est toujours bien d'avoir un sari dans sa penderie.

→ **Le must-have** Un sari bien chatoyant. Et des bracelets en toc qui font leur effet à la plage ou à Noël.

À dire pour jouer la Parisienne
« Je m'habille toujours en sari l'été en Provence, c'est vraiment pratique. »

Jamini

10, rue du Château-d'Eau, Xᵉ
Tél. 09 82 34 78 53 — www.jaminidesign.com

Pourquoi y aller ? Il ne faut pas avoir peur des imprimés dans la maison si on entre dans cette boutique. Grand choix de coussins, de plaids, des foulards qui feront de parfaits cadeaux. Les imprimés sont faits de façon artisanale en Inde sous la direction de Usha Bora, la créatrice indienne qui vit en France depuis 15 ans. La boutique a ouvert en 2014 et marche si bien qu'une nouvelle adresse est née cette année (rue Notre-Dame-de-Lorette, IXᵉ).

Le must-have Les petites trousses à motifs qu'on peut offrir à toutes ses copines.

À dire pour jouer la Parisienne

« Plutôt que de changer mes meubles, je change les coussins, ça donne presque l'impression qu'on a déménagé. »

La Trésorerie

11, rue du Château-d'Eau, X^e^

Tél. 01 40 40 20 46 — www.latresorerie.fr

Pourquoi y aller ? C'est un bazar moderne pour trouver des articles pour la maison. Coussins, casserole, vaisselle, nappe, plaid, torchon, balayette ou même le set de cirage de voyage, tout cela n'est pas très fun, mais c'est quand même assez joli.

→ **Le must-have** Je serai tentée de dire la cocotte suédoise en fonte brute qui fait très pro. Mais vu mes connaissances en cuisine, c'est surtout pour l'exposer comme joli objet.

À dire pour jouer la Parisienne

« Et si on allait faire une pause au café suédois Smörgas ? Il y a du café filtre. »

Pop Market

50, rue Bichat, X^e^

Tél. 09 52 79 96 86 — www.popmarket.fr

Pourquoi y aller ? Ça fait un peu mal aux yeux quand on entre dans cette boutique. Mais ça vaut la peine de surmonter cette épreuve si on a une opération cadeaux à accomplir. Avant Noël, c'est le passage obligatoire. Vous pourrez y faire 70 % de vos cadeaux. Et dénicher aussi des trombones en forme de flamants roses et des stylos en forme de baguettes pour batteurs.

→ **Le must-have** Un porte-brosse à dents en forme de renard. Bon, il y a des trucs moins gadget comme par exemple une mini-enceinte bluetooth.

À dire pour jouer la Parisienne *« Que penses-tu de ce décapsuleur mural en tête d'ours ? »*

Broc'Martel

12, rue Martel, X^e^

Tél. 01 48 24 53 43 — www.brocmartel.com

Pourquoi y aller ? Le lieu en lui-même vaut la visite. C'est de la brocante, mais plutôt bien rangée. La propriétaire Laurence Peyreade opère une sélection très serrée. Une fois les perles rares dénichées, elles sont restaurées avant leur mise en vente. Meubles des années 1950, art forain, objets industriels ou lampes façon « loft », tout s'accorde très bien ensemble.

Le must-have Si vous cherchez des chaises vintage, il y a régulièrement des lots de modèles mythiques. J'en ai trouvé pour mon jardin.

À dire pour jouer la Parisienne

« C'est comme les Puces, mais en mieux. »

Les Parigots

5, rue du Château-d'Eau, X^e^
Tél. 01 42 00 22 26 — www.lesparigots.fr

Pourquoi y aller ? Vous allez vite vous en rendre compte, mais tout ce qui fait bistrot parisien typique d'antan est directement dans mes favoris. Il suffit que je voie une serviette blanche et rouge à carreaux pour que je sois en transe.

→ **Quel plat commander ?** La salade Républicaine (mesclun, saumon mariné, concombre bio, tomates cerises et pamplemousse) est royale.

À dire pour jouer la Parisienne

« C'est pratique, c'est ouvert jusqu'à deux heures du matin. »

Nanashi

31, rue du Paradis, X^e^
Tél. 01 40 22 05 55 — www.nanashi.fr

95

Pourquoi y aller ? C'est l'adresse des bobos en mal de bento. Trois choix possibles : viande, poisson ou végétarien. La déco est brute. Chaises en bois, ardoise au mur et lampions de couleur, c'est japonisant avec une touche d'esprit français. Quant à la cuisine, c'est surtout sain avant tout (du moins les plats principaux), mais pour le côté japonais, il faudra attendre d'aller à Tokyo.

→ **Quel plat commander ?** N'importe quel bento.

À dire pour jouer la Parisienne

« C'est japonais le fondant au chocolat ? »

les Vinaigriers

Les Vinaigriers

42, rue des Vinaigriers, X^e
Tél. 01 46 07 97 12 — www.lesvinaigriers.fr

Pourquoi y aller ? J'adore l'idée du restaurant qui ressemble à une auberge de campagne. Je suis fan de cette déco bistrot, très simple, tout en bois. Avec leur slogan « produits de saison, cuisine maison », tout est dit. C'est bon et les propriétaires sont charmants.

Quel plat commander ? Il y a des formules avec très bon rapport qualité-prix. Les gnocchis maison sont délicieux.

À dire pour jouer la Parisienne

« On parie que Les Vinaigriers vont devenir le spot favori de Boboland ? »

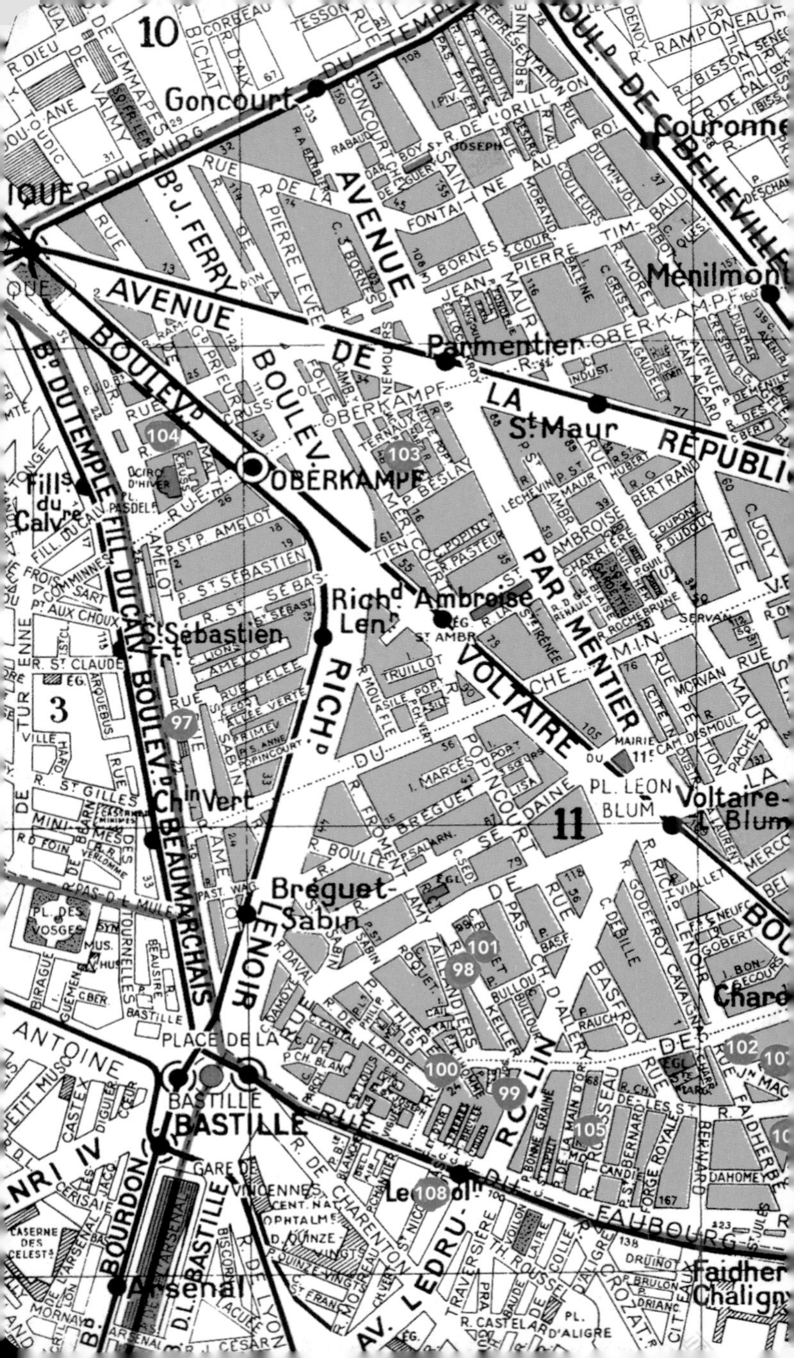
10
11
3
Goncourt
Couronnes
Ménilmont
Parmentier
St Maur
OBERKAMPF
Fills du Calvre
Richd Lenr
St Ambroise
St Sébastien
Chin Vert
Bréguet-Sabin
Voltaire-L. Blum
BASTILLE
PLACE DE LA BASTILLE
Ledru-Rollin
Arsenal
Faidherbe-Chaligny
Charonne
AVENUE DE LA RÉPUBLIQUE
AVENUE PARMENTIER
AVENUE
BOULEVARD VOLTAIRE
BOULEVARD RICHARD LENOIR
Bd DU TEMPLE
BOULEV.d BEAUMARCHAIS
Bd J. FERRY
BOUL.d DE BELLEVILLE
RUE DU FAUBOURG DU TEMPLE
RUE DE LA FONTAINE AU ROI
RUE SAINT MAUR
RUE OBERKAMPF
RUE DE LA ROQUETTE
RUE DU FAUBOURG SAINT ANTOINE
RUE DE CHARONNE
RUE DE LAPPE
RUE DE CHARENTON
AV. LEDRU-ROLLIN
BOULEV. BOURDON
PL. DES VOSGES
PL. LÉON BLUM
MAIRIE DU 11e
GARE DE VINCENNES
CIRQUE D'HIVER
104
103
97
101
98
100
99
105
102
108

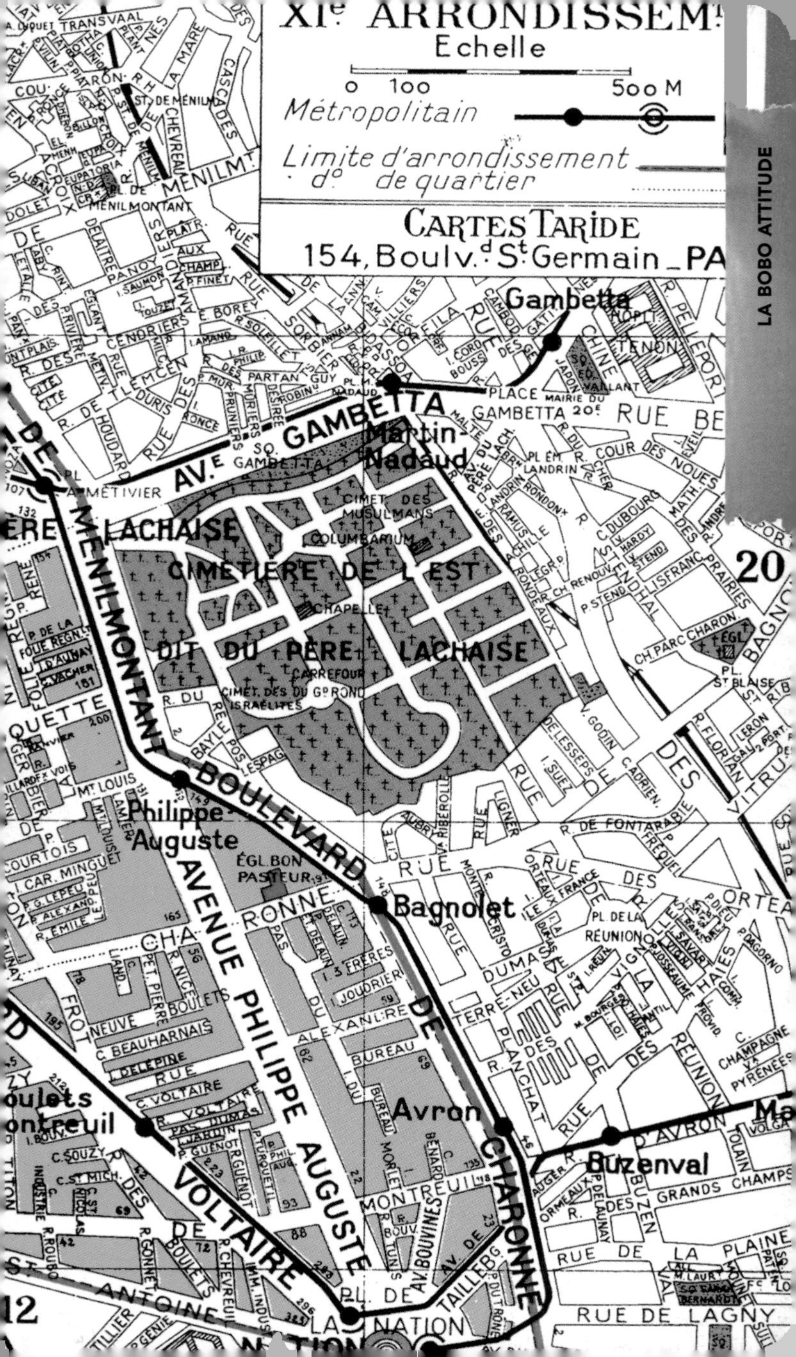
XIe ARRONDISSEMt
Echelle
0 100 500 M
Métropolitain
Limite d'arrondissement
d° de quartier
CARTES TARIDE
154, Boulv.d St Germain _ PA
LA BOBO ATTITUDE
Gambetta
Martin-Nadaud
AVe GAMBETTA
PLACE GAMBETTA
MAIRIE DU 20e
CIMETIÈRE DE L'EST
DIT DU PÈRE LACHAISE
CIMET. DES MUSULMANS
COLUMBARIUM
CHAPELLE
CARREFOUR DU Gd ROND
CIMET. DES ISRAÉLITES
PÈRE LACHAISE
BOULEVARD DE MENILMONTANT
Philippe-Auguste
AVENUE PHILIPPE AUGUSTE
BOULEVARD DE CHARONNE
Bagnolet
Avron
Buzenval
Boulets Montreuil
VOLTAIRE
NATION
RUE DE LAGNY
RUE DE LA PLAINE
R. DES GRANDS CHAMPS
RUE DE FONTARABIE
RUE DES ORTEAUX
RUE DES PYRÉNÉES
20
12

Khadi
and Co

Khadi and Co

82, bd Beaumarchais, XIe
Tél. 01 43 57 10 25 — www.khadiandco.com

Pourquoi y aller ? C'est ici qu'on comprend la définition d'ethnique-chic. C'est l'un des endroits que je préfère à Paris. Tout est de très bonne qualité et très bien coupé. Les tissus sont hyper agréables à porter. Châles, vestes, manteaux, couvertures, nappes, on trouve toujours quelque chose. Symbole depuis Gandhi de l'indépendance de ceux qui « s'éveillent à la liberté » à l'été 1947, le khadi est avant tout un formidable savoir-faire de tissage à la main qui produit un tissu fin et léger.

→ **Le must-have** Si on hésite trop, on prend un foulard. On va le garder toute la vie.

À dire pour jouer la Parisienne

« Tu connais Bess Nielsen ? C'est elle qui crée tout. Sa force scandinave (elle est danoise) mixée à la douceur indienne, c'est un mix explosif. »

Maison
AIMABLE
AIMABLE

Maison Aimable

16-18, rue des Taillandiers, XIe
Tél. 09 82 53 16 18 — www.maison-aimable.com

Pourquoi y aller ? C'est la quintessence du nouveau magasin de déco. Tout donne très envie. D'ailleurs, on s'installerait bien ici pour déjeuner. Sur cette table en bois brut décorée d'une plante verte. Vase, lampe, objets déco, la sélection est pointue d'objets venus aussi bien du Japon que de Hollande.

Le must-have Un coquetier en forme de pattes de coq... s'il est encore là le jour de votre visite.

À dire pour jouer la Parisienne
« La propriétaire est archi aimable. »

Les Fleurs

6, passage Josset, XIe
Tél. 01 43 55 12 94 — www.boutiquelesfleurs.com

✱ **Pourquoi y aller ?** Les boutiques de cadeaux, c'est mon truc. Celle-ci est charmante. On trouve de jolies choses. Comme ces cartes en bois (oui, en bois) imprimées d'un panda roux qu'on peut poster ou qu'on utilise comme décoration.
→ **Le must-have** Rien n'est vraiment essentiel mais tout est finalement nécessaire. Comme cette lunch-box pour enfants à motifs renard. On en aura forcément besoin un jour.

À dire pour jouer la Parisienne
« Je vais reprendre un carnet, je crois que je n'en ai plus. Et une petite valise en liberty, je crois que je n'en ai pas. »

Urban Masala

2, passage Thiéré, XIe
Tél. 01 55 28 57 68 — www.urban-masala.fr

100

Pourquoi y aller ? Les Indiens aussi ont du design contemporain. Les quatre créateurs de cette boutique ont décidé de rapprocher tradition et modernité. Il faut aller voir, vous comprendrez en regardant un tabouret en bambou.
Le must-have L'égouttoir mural à vaisselle réalisé à la main de façon artisanale, ou comment donner une touche « Bombay » à votre cuisine.

À dire pour jouer la Parisienne *« J'aime bien dormir dans des housses de couette indiennes, ça me fait voyager en restant dans mon lit. »*

LouLou Addict

25, rue Keller, XIe
Tél. 01 49 29 00 61 — www.loulouaddict.com

Pourquoi y aller ? Pour les boîtes en plastique, les serviettes de table en tissu ou en papier, parce qu'on n'a jamais assez de trousses, pour des gobelets ou des bols à motifs, pour des toiles cirées... Quand vous aurez une envie folle de toile cirée, vous saurez où il faut aller. Ça peut être moche une toile cirée. Mieux vaut avoir une bonne adresse.

→ **Le must-have** La vaisselle est sobre comme on aime.

À dire pour jouer la Parisienne
« C'est là que j'ai trouvé la toile cirée étoilée. »

Carouche : Interprète d'objets

18, rue Jean-Macé, XIe
Tél. 01 43 73 53 03 — www.carouche.fr

Pourquoi y aller ? Quelqu'un qui se nomme « interprète d'objets » mérite toute notre attention. Mix de mobilier de brocante revisité et objets contemporains, Carouche est spécialisée dans le mobilier des années 1950 et 1960. Sa caverne d'Ali Baba est bien fournie et nous donne l'envie d'habiter dans le décor.

Le must-have Tous les meubles américains, histoire de n'avoir pas les mêmes que les français. Et une théière peinte avec des petites fleurs. C'est kitsch, mais gai.

À dire pour jouer la Parisienne
« Tu as remarqué que j'avais interprété la lampe ? Je peux la remettre comme avant si cela te dérange. »

Trolls et Puces/Belle Lurette

5, rue du Marché-Popincourt, XIe
Tél. 01 43 14 60 00 (Trolls et Puces)
Tél. 01 43 38 67 39 (Belle Lurette)
www.villagepopincourt.com

Pourquoi y aller ? C'est la brocante de rêve. Si votre truc, c'est le style « shabby chic », vous trouverez forcément votre bonheur dans ce lieu où sont réunis plusieurs brocanteurs. C'est le repaire des bobos, mais il faut souligner que Trolls & Puces s'est installé avant beaucoup d'autres. En chinant dans cette brocante, on pourrait reconstruire tout le décor d'un film des années 1940. J'y ai acheté un sac à l'allure hyper vintage.

→ **Le must-have** Une cruche en émail ou un miroir en osier. 1,2,3, fouinez !

À dire pour jouer la Parisienne

« J'aime beaucoup venir ici pour chiner. Il y a beaucoup moins de monde que sur Ebay. »

Brugnon Frères

134, rue Amelot, XIe
Tél. 01 43 57 70 35 — www.brugnon-freres.fr

Pourquoi y aller ? C'est toujours utile d'avoir une adresse de miroiterie ou de vitrerie en cas de casse d'une vitre ou si une envie d'isolation phonique vous submerge. Cette maison est présente depuis plus de 60 ans. Du coup, ils ont un peu d'expérience. On peut leur faire confiance. Ils proposent des devis gratuits et donnent des conseils très personnalisés.
→ **Le must-have** Y a-t-il vraiment un must-have dans une boutique de ce genre ? Peut-être une fenêtre si vous n'en avez pas encore chez vous.

À dire pour jouer la Parisienne
« Je mets des miroirs partout chez moi, j'aime bien donner une ambiance Galerie des Glaces à mon petit couloir. »

Kluger : Fabrique des Tartes

15, rue Trousseau, XIe
Tél. 01 53 01 53 53 — www.tarteskluger.com

Pourquoi y aller ? J'aime l'histoire de Catherine Kluger, cette avocate en propriété intellectuelle qui devient tartière. Elle a déjà publié avec succès plusieurs livres de recettes de tartes. Ses valeurs ? Du bon, du frais, du sain. Je les partage.

→ **Quel plat commander ?** On n'a pas le choix : ce sera une tarte et rien d'autre. Ma préférée ? Tomates, chèvre et menthe-basilic. Celle au chocolat n'est pas mal non plus.

À dire pour jouer la Parisienne

« Le dimanche, quand je vais aux puces de Saint-Ouen, je vais prendre une tarte au Café Habitat. »

Restaurant/Bistrot

Bistrot Paul Bert

18, rue Paul-Bert, XIe
Tél. 01 43 72 24 01

Pourquoi y aller ? C'est un bistrot français comme je les aime (j'en aime beaucoup, vous le remarquerez). La déco ici est authentique et sympathique : bar en zinc, mosaïque au sol, nappe blanche assortie aux tabliers des serveurs et grand miroir. La cuisine est « familiale ». On est donc sûr de trouver le bonheur de tous.

Quel plat commander ? Tartare de bœuf et baba au rhum. Où se trouve la salle de sport ?

À dire pour jouer la Parisienne

« J'y emmène toujours mes amis américains. C'est exactement comme ça qu'ils imaginent la France. »

Le Pure Café

14, rue Jean-Macé, XIe

Tél. 01 43 71 47 22 — www.lepurecafe.fr

Pourquoi y aller ? Dès qu'il y a un comptoir en bois, ça rend le lieu sympathique et plein de charme. C'est authentique et l'endroit idéal pour un apéro, d'autant qu'on pratique ici l'Happy Hour.

→ **Quel plat commander ?** L'ardoise de jambon de bœuf Wagyu, c'est mon côté créatrice japonaise. Et puis, ça change du saucisson.

À dire pour jouer la Parisienne

« L'endroit parfait pour un shooting si on a envie d'un esprit parisien. »

Les incontournables d'Ines

108 Caravane

Le must pour les canapés

19 et 22 rue Saint-Nicolas, XIIe
Tél. 01 53 02 96 96 (N° 19, La Maison)
Tél. 01 53 17 18 55 (N° 22, La Table)
www.caravane.fr

Crédits photographiques

Céline Astorg p. 163 ; Patrice Bondurand p. 123 ; Yann Deret, p. 96 ; Ines de la Fressange et Sophie Gachet p. 103 droite, 104 gauche, 117 gauche, 169 ; Ines de la Fressange, p. 14 haut, 114 ; Marianne Haas p. 28 ; Raphaël Hache p. 46 ; Hufton + Crow p. 56 ; Beata Komand p. 166 ; Guillaume de Laubier p. 50 ; Olivier Malingue p. 165 ; Dominique Maître p.110 ; Pierre Monetta p. 102 ; Antoine Motard p. 136 ; Amy Murrell p. 104 droite ; Pentagram p. 122 ; Kate Reiners p. 21, 43, 63, 73, 76, 87, 99, 116; Stone Paris p. 114 ; Grégoire Voevodsky p. 48
© Taride pour les plans

Notes

Notes

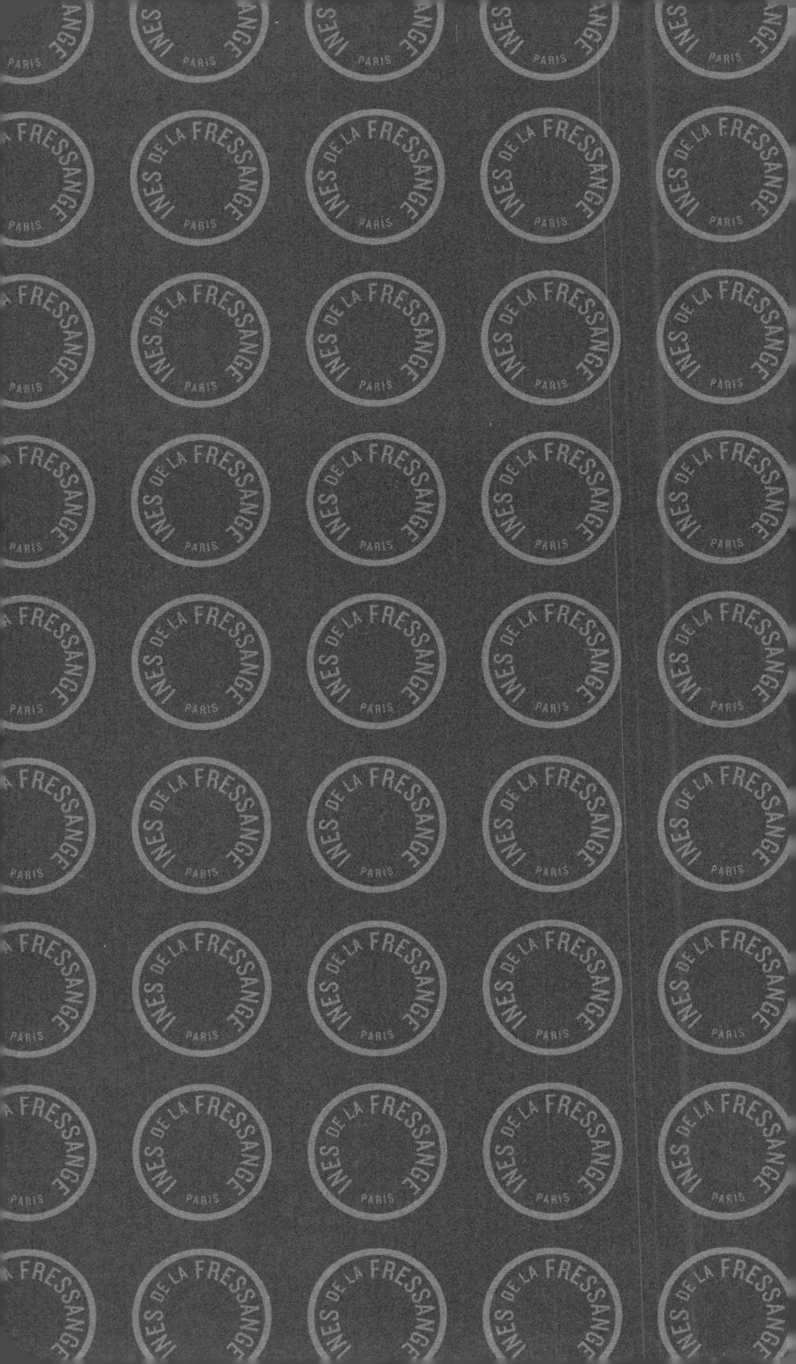
INES DE LA FRESSANGE
PARIS